Studien zum Landes- und Kommunalrecht

Gemeinsam herausgegeben von den Redaktionen der:

Landes- und Kommunalverwaltung (LKV)

Zeitschrift für Landes- und Kommunalrecht Hessen | Rheinland-Pfalz | Saarland (LKRZ)

Zeitschrift für Öffentliches Recht in Norddeutschland (NordÖR)

Band 2

Prof. Dr. Dr. h.c. Lothar Knopp/Andreas Knuth/
Dr. Klaus Herrmann (Hrsg.)

Verwaltungsverfahren und -rechtschutz im Kommunalabgabenrecht

Dokumentation der Fachtagung der LKV in Potsdam am 07.10.2010

Nomos

Die Deutsche Bibliothek verzeichnet diese Publikation in der Deutschen Nationalbibliografie; detaillierte bibliografische Daten sind im Internet über http://dnb.ddb.de abrufbar.

ISBN 978-3-8329-6620-1

1. Auflage 2011

Vorwort der Herausgeber

Es bedarf sicher keiner ausführlichen Begründung, weshalb sich eine kommunal- und verwaltungsrechtlich spezialisierte Monatszeitschrift im Oktober 2010 mit Kommunalabgabenstreitigkeiten und den besonderen Verfahrensständen bei den Verwaltungsgerichten des Landes Brandenburg beschäftigt. Zudem kann eine Diskussion über Beschleunigungsmöglichkeiten nicht geführt werden, ohne die behördlichen Verwaltungs- und Widerspruchsverfahren mit in den Blick zu nehmen. Klammert man das Sozialrecht einmal aus, ist das Vertrauen der Bürger in die Verwaltung nirgends so gering und die »Klagefreudigkeit« so hoch wie in diesem Rechtsgebiet. Ob es daran liegt, dass sich die Verwaltungsgerichte mit der – bisweilen ungefragten – Überprüfung der Abgabenbescheide, Satzungen und Kalkulationen ihre Kläger selbst herangezogen haben, wie es in unserer Diskussion anklang, kann offen bleiben, wenn über die zukünftigen Abläufe in den Verwaltungs-, Widerspruchs- und Klageverfahren sowie über mögliche gesetzgeberische Korrekturen gesprochen wird. Die Abgabenerhebung hat keinen Selbstzweck, sie und die Diskussion sind notwendig, um den Kommunen und Kommunalverbänden die weitere Aufgabenwahrnehmung durch Refinanzierung ihrer Kosten über nichtsteuerliche Abgaben zu ermöglichen.

Die LKV-Fachtagung am 7.10.2010 hat vor allem gezeigt, wie wichtig ein Austausch der »Experten« untereinander und über Ländergrenzen hinweg ist, wenn man nicht am Verdruß über die Widrigkeiten vor Ort verzweifeln möchte. Nach den Vorträgen von *Hohndorf* und *Dr. Becker* hegt man Zweifel, ob das Kommunalabgabenrecht bei seiner Tendenz zum Abstrakten und Unverständlichen von sich aus materiell-rechtliche Vereinfachungen oder Verfahrenserleichterungen hervorbringen wird. Dieser Befund ist Besorgnis erregend, weil den Bürgern, um deren Geldabgaben es ja geht, z.B. für einen »wirtschaftlichen« und nicht notwendig praktisch spürbaren Vorteil, die Überprüfung des Verwaltungshandelns unnötig erschwert wird. Nehmen die Betroffenen das Verwaltungshandeln aber als unvorhersehbar und intransparent wahr, verwundert auch die zunehmende Ineffizienz gerichtlicher Kontrolle nicht, weil die Gerichte duch Klagen »ins Blaue hinein« aufgehalten werden. Die Schilderungen des Referenten *Engels* zum Pilotprojekt am *VG Dessau* lösten jedenfalls zahlreiche und mitunter euphorische Rückäußerungen von Teilnehmern aus. Die skeptischen, wenn nicht gar ablehnenden Äußerungen der richterlichen Teilnehmer zeigen dabei auf, wie schwierig es ist, das Gewohnte zu hinterfragen, um in der Sache Vor- und Nachteile aufzuzählen und abzuwägen. Das Referat von *Dr. Kamp* zum Verzicht auf das Widerspruchsverfahren hat verdeutlicht, dass auch »Selbstverständlichkeiten« nicht um ihrer selbst willen außer Frage stehen können, wenn um bessere Lösungen gerungen wird.

Diese Eindrücke und die Bereitschaft zum fachlichen und sprechenden Austausch sind allein durch die Veröffentlichung von Beiträgen und Entscheidungen zu verwaltungsrechtlichen Spezialfragen nicht abrufbar. Die LKV möchte deshalb zukünftig durch regelmäßige Fachtagungen ihren Lesern und allen Interessierten ein zusätzliches Forum zur fachlichen und interdisziplinären Diskussion bieten. Allen an der Veranstaltung vom 7.10.2010 Mitwirkenden, insbesondere den Referenten und fleißigen Mitarbeitern des Cottbuser Zentrums für Rechts- und Verwaltungswissenschaften, gilt der Dank der Herausgeber.

Potsdam/Cottbus, Februar 2011

Klaus Herrmann
Andreas Knuth
Lothar Knopp

Inhaltsverzeichnis

Begrüßung und Einführung

Prof. Dr. Dr. h.c. Lothar Knopp

Sehr geehrte Damen und Herren,

im Namen des Zentrums für Rechts- und Verwaltungswissenschaften der Brandenburgischen Technischen Universität Cottbus, das heute als Mitveranstalter verantwortlich zeichnet, begrüße ich Sie ganz herzlich.

Ein paar Worte vorab zu dieser Institution: Das Zentrum für Rechts- und Verwaltungswissenschaften, kurz: ZfRV, wurde im Jahr 2002 auf Initiative der regionalen Justiz Cottbus mit sehr großem Engagement der seinerzeitigen Präsidentin des *VG Cottbus*, Frau *Winfriede Schreiber*, als zentrale wissenschaftliche Einrichtung der BTU Cottbus gegründet. Zu diesem Zeitpunkt erkannte man auch innerhalb der Universität, dass der damals schon bestehende enorme Bedarf an rechtswissenschaftlicher Lehre über die Fakultätsgrenzen hinweg gebündelt und koordiniert werden musste, wofür sich als Institution die Gründung einer zentralen wissenschaftlichen Einrichtung anbot. Die Entwicklung im Bereich rechtswissenschaftlicher Lehre an der BTU ist bis heute als äußerst erfreulich zu bezeichnen, zugleich besteht inzwischen eine Nachfrage, die wir kaum mehr – auch unter dem Einsatz renommierter Gast- und Honorarprofessoren und Lehrbeauftragter – befriedigen können. Im Bereich der Forschung hat sich das ZfRV ebenfalls einen Namen gemacht, nicht zuletzt aufgrund der jahrelang praktizierten anwendungsorientierten Forschung, vor allem im öffentlichen Recht, hier insbesondere im allgemeinen Verwaltungsrecht sowie im Umweltrecht mit seinen internationalen, europäischen und nationalen Facetten, darüber hinaus auch inzwischen im Hochschulrecht. Deshalb freut es mich besonders, dass Zielgruppe der heutigen Veranstaltung die Praxis, nämlich Justiz und Anwaltschaft, ist. Als einstiger Fachanwalt für Verwaltungsrecht zu Beginn des Aufkommens der Fachanwaltsbezeichnungen bin ich dieser Zielgruppe schon von »Natur aus« eng verbunden.

Dem ZfRV ist seit seiner Gründung ein Beirat beigegeben, dem nicht von ungefähr ein Justizangehöriger als Vorsitzender vorsteht. In der Gründungs- und Aufbauphase des Zentrums war dies langjährig Herr *Prof. Lambrecht*, Präsident des *FG Berlin-Brandenburg*, nunmehr seit einiger Zeit Herr *Knuth*, der mir als Präsident des *VG Cottbus* auch besonders fachlich nahesteht. Von dem Beirat gehen wichtige Impulse für das Zentrum aus. Er hat es darüber hinaus stets hochschulintern, falls erforderlich, unterstützt. Die Zeiten immer knapper werdender Hochschulkassen sind auch am ZfRV nicht spurlos vorbeigegangen.

Dennoch ist es vor Kurzem mit großer Unterstützung der Hochschulleitung der BTU Cottbus, resp. Herrn Präsidenten *Prof. Zimmerli*, gelungen, eine weitere grenzüberschreitende Einrichtung zu gründen mit der Bezeichnung »German-Polish Centre for Public Law and Environmental Network (within international and European issues)" (GP PLEN). Deren deutscher Träger ist das ZfRV, basierend auf seinen langjährigen Kontakten und der erfolgreichen Zusammenarbeit mit polnischen Institutionen, allen voran mit der alten und renommierten Universität Wrocław (Breslau). Es handelt sich dabei meines Wissens um die erste institutionalisierte Forschungseinrichtung auf dem Gebiet des öffentlichen Rechts, insbesondere des Umweltrechts, zwischen einer deutschen und einer polnischen Universität, der BTU Cottbus auf der einen und der Universität Wrocław auf der anderen Seite. An dieser Stelle möchte ich es nicht versäumen, meinen geschätzten und renommierten Kollegen, Herrn *Prof. Peine*, aus der Juristenfakultät in Frankfurt (Oder) zu begrüßen, der seit Gründung des ZfRV engagiertes Mitglied des vierköpfigen Direktoriums ist und stets sein großes Fachwissen im öffentlichen Recht vor allem in Forschungsprojekte des ZfRV erfolgreich mit eingebracht hat bzw. einbringt.

Wir haben uns jedenfalls immer bemüht, Wissenschaft und Praxis zusammenzuführen zur gemeinsamen Erarbeitung frucht- und tragbarer Lösungen verschiedener rechtlicher Fragestellungen unter gleichzeitiger Berücksichtigung rechtspolitischer Aspekte. Möge unter diesem Zeichen ebenfalls die heutige Veranstaltung stehen, die sich mit der wichtigen Thematik des kommunalen Abgabenrechts in Brandenburg und Verfahrensbeschleunigungsfragen beschäftigt. In diesem Sinne wünsche ich uns einen erfolgreichen und diskussionsfreudigen Tagungsverlauf und darf das Wort nunmehr an Herrn *Kipp*, Präsident des *OVG Berlin-Brandenburg*, übergeben.

Jürgen Kipp

Meine Damen und Herren, ich möchte sehr ungern Ihren Zeitplan gleich am Anfang sprengen. Deswegen beschränke ich mich auf einige ganz kurze Bemerkungen. Höchstens fünf Minuten bitte ich Sie, mir zuzubilligen.

Als die Fusion der Oberverwaltungsgerichte am 1.7.2005 wirksam wurde, kam ich in dieses Amt als vormaliger Verwaltungsrichter des Landes Berlin. Vom Abgabenrecht, also dem Thema des heutigen Tages, hatten wir in Berlin nur eine verschwommene Vorstellung, da sich die Thematik unter den rechtlichen Bedingungen eines Stadtstaates grundlegend anders darstellte als in Brandenburg. Wir hatten zwar vor allem mit dem Erschließungsbeitragsrecht zu tun, selten mit Kita-Gebühren. Insgesamt hatten die Themen Abgaben und Beiträge in der Rechtswirklichkeit der Berliner Verwaltungsgerichte keinen Stellenwert, weder zahlenmäßig noch inhaltlich. Das änderte sich am 1.7.2005 grundlegend und alsbald dämmerte mir, dass diese Sachgebiete für die brandenburgische Verwaltungsgerichtsbarkeit ein Dauerbrennerthema darstellen würden, und zwar sowohl zahlenmäßig als auch inhaltlich. Wir haben deshalb von vorn herein in dem neuen *OVG Berlin-Brandenburg* versucht, uns dieses Themas auch außerhalb unserer Rechtssprechungstätigkeit anzunehmen. So hat – manche von Ihnen waren dabei und werden sich erinnern – bereits vor einigen Jahren im Plenarsaal des *OVG Berlin-Brandenburg* in Berlin eine Veranstaltung stattgefunden. Es war eine ganztägige Veranstaltung mit einem ganz ähnlichen Schwerpunkt, wie wir ihn heute haben. Ich hatte schon immer vor, dies noch einmal neu aufzulegen, weil die Bedeutung des Themas keinesfalls nachgelassen hat. Deswegen gilt mein Dank jetzt den Veranstaltern dafür, dass diese uns gewissermaßen zuvorgekommen sind, denn eins scheint klar: Wir müssen weiter in gemeinsamer Überlegung und in sinnvoller Kooperation darüber nachdenken, wie wir den Rechtsschutz auf diesem Sektor verbessern können.

Während meiner vorübergehenden kommissarischen Zugehörigkeit zum 9. Senat des *OVG Berlin-Brandenburg* habe ich selbst erfahren müssen, dass es im Kommunalabgabenrecht Konfliktfälle gibt, die zehn Jahre und älter sind, also Auseinandersetzungen, die vor langen Jahren begonnen haben und bei denen wir als Verwaltungsgerichtsbarkeit bis heute nicht in der Lage waren, eine Lösung zu finden und damit Rechtsfrieden und Rechtssicherheit zu schaffen. Ich selbst habe in meinem Senat manchmal auch jetzt noch in einem Nebengebiet mit solchen Angelegenheiten zu tun, wir bearbeiten gerade ein solches Berufungsverfahren. Der Ursprung des Konflikts liegt hier im Jahre 1996. Es ist bis heute für diesen Sachverhalt kein einziger Monatsbeitrag wirtschaftlich geflossen, wir sind unentwegt seit Jahren in verschiedenartigsten Verfahren dabei, diese Auseinandersetzung zu führen. Sie dauert jetzt, wenn Sie das zusammenrechnen, 14 Jahre, und da ist ein vorausgegangenes Verwaltungsverfahren noch gar nicht mit eingeschlossen.

Wie kommt das? Meine These ist, dass wir alle dazu beigetragen. Das liegt in Teilen an der Verwaltungstätigkeit, das liegt in Teilen an der Anwaltschaft, das liegt sicherlich auch – und ich bin der Letzte, der das bestreitet –, an unseren internen Justizverfahren, und wie wir versuchen, diese abzuwickeln. Deswegen ist es ein dringliches Anliegen, in einem solchen Kreis zusammenzukommen und über die Einzelheiten zu sprechen. Es kann nicht sein, dass wir solche Streitgegenstände, die ja – mit aller Vorsicht ausgedrückt – weder nach ihrem dogmatischen Schwierigkeitsgrad noch ihrer soziale Bedeutung die Krönung des Rechts darstellen, nicht in vernünftigen, effektiven Zeitabläufen lösen können. Das kann nicht unser gemeinsames letztes Wort sein. Niemand von uns hat am Ende einen Nutzen davon, wenn wir es nicht schaffen, endlich diese zeitliche Dimension einer effektiven Rechtsschutzgewährung stärker in den Vordergrund zu rücken.

Ich bitte sehr um Nachsicht dafür – und damit möchte ich auch meine eigenen Worte von der Bedeutung dieser Veranstaltung nicht entkräften –, dass ich nicht den gesamten Tag hier in Ihrer Veranstaltung zubringen kann. Das liegt an hochwichtigen Arbeiten, die ich in unserer Verwaltung zu verrichten habe und die keinen Aufschub dulden. Also nehmen Sie mir nicht übel, dass ich mich alsbald wieder entfernen werde. Ich möchte nochmals sagen, dass ich Hoffnung in Veranstaltungen wie die des heutigen Tages setze, denn insbesondere in Brandenburg, das ist ja bekannt, haben wir unverändert hohe Probleme, was die Verfahrenslaufzeiten des Verwaltungsrechtsschutzes angeht. Wir müssen es schaffen, diese Zustände zu verbessern. Das wird nur allmählich gehen und nicht schlagartig. Ich sehe diese Veranstaltung als einen Baustein auf dem Wege dorthin. Ich wünsche Ihnen einen guten Verlauf, gute Gespräche und Diskussionen.

1. Teil: Effektiver Rechtsschutz im Kommunalabgabenrecht

Andreas Knuth, Moderation

Ich schlage vor, sofort in die Sache selbst einzusteigen. Herrn *Hohndorf* vorzustellen, ist in diesem Kreise absolut unnötig. Man kann vielleicht nur dies sagen: Er ist einer der ersten und aktivsten Aufbauhelfer der brandenburgischen Verwaltungsgerichtsbarkeit gewesen und hat gerade auch die Rechtsprechung im Kommunalabgabenrecht in unserem Land über die gesamte Zeit hinweg maßgeblich mitgeprägt. Wer anders als Herr *Hohndorf* wäre berufen, uns heute einen Einstieg in die Thematik zu geben und die Sicht der Dinge in seiner wie immer farbigen und pointierten Art vorzustellen.

A. *Beschleunigungsmöglichkeiten im gegenwärtigen Abgabenverfahrensrecht* (Kurt-Fritz Hohndorf)

I. Einleitung

Sehr geehrte Damen und Herren, meine Gedanken zu dem mir vom Veranstalter dieser Fachtagung vorgegebenen Thema können nur ein bescheidener Versuch sein, einige Möglichkeiten der Verfahrensbeschleunigung in abgabenrechtlichen Verfahren aufzuzeigen. Erwarten Sie daher von mir keine Allheilmittel und auch keine Patentlösungen. Es geht nicht um einen Teilchenbeschleuniger, der auf eine höhere Leistung getrimmt werden soll, sondern um die Bewältigung komplizierter Sachverhalte sowohl in tatsächlicher als auch in rechtlicher Hinsicht, bei welchen immer Menschen eine entscheidende Rollen spielen, und zwar sowohl mit ihren Stärken als auch mit ihren Schwächen. Beschleunigungen sind da vielfach nur in geringem Umfang möglich, soll die Erdumlaufbahn nicht verlassen werden. Es kommt hinzu, dass die Gesetze, was die Beschleunigung der Verfahren angeht, keine große Hilfe bieten. Manches, wenn nicht sogar vieles, ist Ergebnis der Praxis. Damit ist zugleich die Gliederung meiner Gedanken vorgegeben. Ich werde also zunächst einige gesetzliche Bestimmungen in den Blickwinkel nehmen und danach auf die behördliche Praxis eingehen, soweit ich als Verwaltungsrichter hierin Einblicke habe.

II. Vermeidung einer Abgabenerhebung

Die größtmögliche Beschleunigung besteht darin, überhaupt keine Abgaben zu erheben. Diese Vorgehensweise dürfte jedoch die gesetzliche Verpflichtung der Behörde, Abgaben zu erheben, nicht erlauben. Diese gesetzliche Verpflichtung ergibt sich aus § 64 Abs. 1 BbgKVerf, wonach die Gemeinde Abgaben nach den gesetzlichen Vorschriften zu erheben hat; insoweit besteht also kein Ermessen. Dabei haben gem. § 64 Abs. 2 BbgKVerf die hier vor allem interessierenden Beiträge und Gebühren Vorrang vor der Erhebung gemeindlicher Steuern.

Eine gesetzliche Grenze der Abgabenerhebung kann jedoch § 13 Abs. 1 KAG entnommen werden, der die Kleinbetragsgrenze auf 10 EUR festgelegt hat. Auch wenn es sich hierbei um eine Kann-Bestimmung handelt, könnte dennoch eine behördliche Praxis festgelegt werden, generell von der Erhebung von Abgaben unterhalb dieser Grenze abzusehen. Einige von Ihnen werden jetzt sicherlich lächeln, aber in der Praxis kommen Veranlagungen unter 10 EUR durchaus vor, z.B. bei den Wasser- und Bodenverbandsumlagegebühren und auch bei Straßenreinigungsgebühren, wenn die Grundstücksfront nur wenige Meter beträgt. Es kann im Hinblick auf diese Vorschrift auch generell unterstellt werden, dass die Kosten der Einziehung in solchen Fällen außer Verhältnis zu dem angeforderten Betrag stehen. Dass die Erhebung eines Betrages unter 10 EUR von grundsätzlicher Bedeutung ist, dürfte die Ausnahme sein. Es gab mal einen Fall, hier ging es um den Otto-Versand, bei dem dem *Bundesverwaltungsgericht* die Frage vorgelegt wurde, ob Briefsendungen mit einem ganz bestimmten Porto versehen werden müssen und dürfen. Es ging um 10 Pfennig, aber das war eine Frage von grundsätzlicher Bedeutung.

Eine Beschleunigung der Abgabenerhebung kann auch dadurch erreicht werden, dass spezielle Entgelte in die allgemeine Grundsteuer einbezogen werden. Diese Vorgehensweise ist vom *OVG Berlin-Brandenburg* für die Einbeziehung der Wasser- und Bodenverbandsumlagebeiträge in die Grundsteuer gebilligt worden[1]. Hierdurch könnte eine Aufstellung und Überprüfung der Kalkulation zu einzelnen Aufwands- bzw. Kostenpositionen vermieden werden. Derartige Versuche der Einbeziehung von speziellen Abgaben in die allgemeine Grundsteuer hat es in der Vergangenheit schon immer gegeben. Der Nachteil für die Gemeinde besteht allerdings in der entsprechenden Kürzung der Landeszuschüsse, diese Praxis sollte und müsste geändert werden. Aus meiner Sicht könnte allenfalls noch die Einbeziehung von Straßenreinigungsgebühren in die allgemeine Grund-

1 OVG Berlin-Brandenburg, Beschl. v. 23.03.2010 – 9 N 55.09, NVwZ-RR 2010, 537.

steuer in Betracht kommen, zumal hier bereits von Gesetzes wegen ein 25%iger Anteil der öffentlichen Hand an den Kosten vorgesehen ist[2].

III. Vereinfachungsmöglichkeiten bei der Abgabenerhebung

Hinsichtlich der übrigen Abgaben dürfte es hingegen beim Vorrang der speziellen Entgelte vor der allgemeinen Steuererhebung verbleiben. Eine (wenn auch nur geringfügige) Beschleunigung könnte sich ergeben im Hinblick auf das Anhörungsgebot des § 91 AO. Hier ist zunächst klarzustellen, dass sich die gebotene Anhörung auf die für die Entscheidung erheblichen Tatsachen und nicht auf Rechtsansichten bezieht. Durch die Rückäußerung des Abgabenpflichtigen soll die Behörde in die Lage versetzt werden, ihre bisher für die Abgabenerhebung vorgesehenen Daten zu korrigieren, z.B. zu Eigentumsverhältnissen am Grundstück, zur Größe des Grundstückes, zum Umfang der Bebauung. Die sich aus einer Anhörung ergebenden tatsächlichen Folgen hängen vielfach von der Ausgestaltung des Anhörungsschreibens ab. Der Adressat, das ist meine Erfahrung, verwechselt vielfach die Anhörung mit dem eigentlichen zukünftigen Abgabenbescheid mit der Folge, dass er bereits hiergegen Widerspruch einlegt. Auch kann sich das Anhörungsverfahren bereits zu einem umfangreichen Austausch der Rechtsauffassungen entwickeln. Im Ergebnis führt daher nach meiner Einschätzung die Anhörung oftmals zu einer erheblichen Belastung des Abgabenerhebungsverfahrens. Auch wenn hierdurch die konkrete Anhörung des Betroffenen nicht ersetzt werden kann, so sind dennoch allgemeine, beispielsweise Zeitungshinweise, in denen auf die Fertigstellung der Ausbaumaßnahmen hingewiesen wird, vielfach hilfreich, kombiniert mit dem weiteren Hinweis, dass die Eigentümer der erschlossenen Grundstücke in nächster Zeit mit ihrer Beitragsveranlagung zu rechnen haben.

Vorteile aber auch Nachteile einer Beschleunigung ergeben sich bei der Veranlagung von Gesamtschuldnern (§ 44 AO). Diese Vorschrift muss im Zusammenhang gesehen werden mit § 122 Abs. 7 AO bzw. § 155 Abs. 3 S. 1 AO. Diese Vorschriften regeln die Zulässigkeit des Erlasses von sog. zusammengefassten Bescheiden. Der Vorteil dieser Vorgehensweise liegt sicherlich darin, die Gesamtschuldner in ihrer Gesamtheit zu erfassen. Dies gilt insbesondere für Eheleute mit gleichem Wohnsitz, sodass der immer wieder erfolgende Einwand unterbleibt, der andere Gesamtschuldner habe keinen Abgabenbescheid erhalten. Auch stellt sich hier die Frage der Auswahl der Gesamtschuldner nicht. Diese Vorgehensweise birgt allerdings auch Risiken in sich. Diese beziehen sich auf die rechtlich korrekte Adressierung, die Bezeichnung der Abgabenpflichtigen

2 Vgl. zur Zulässigkeit OVG Münster, Beschl. v. 17.07.2003 – 9 A 3207/02, NWVBl. 2004, 101 = KStZ 2003, 231.

(Inhaltsadressaten) oder auch den Umstand nach § 122 Abs. 7 AO, dass möglicherweise zwischen den Eheleuten ernstliche Meinungsverschiedenheiten bestehen. Angesichts dieser tatsächlichen und rechtlichen Schwierigkeiten kann es sich durchaus anbieten, nur einen der Gesamtschuldner zu veranlagen. In einem solchen Falle sollte jedoch der Bescheid zur möglichen Vermeidung von Widersprüchen den Zusatz enthalten, dass im Falle des Gesamtschuldverhältnisses nur ein Schuldner veranlagt werden kann, dass der Behörde bei der Auswahl Ermessen zusteht und dass eine Begründung der Auswahl – so jedenfalls die Rechtsprechung – nicht zu erfolgen braucht. Wird nur einer der Gesamtschuldner veranlagt und legen dennoch beide Gesamtschuldner – ich habe jetzt wieder die Eheleute im Blick – gegen den Abgabenbescheid Widerspruch ein, sollte die Unzulässigkeit des Widerspruchs des Nicht-Adressaten ausdrücklich festgestellt werden. Vielfach, das ist meine Erfahrung, wird der weitere Schriftverkehr von der Behörde mit beiden Gesamtschuldnern geführt. Ebenso ergeht der Widerspruchsbescheid an beide Gesamtschuldner, wobei der bisherige Nicht-Adressat durch den Erlass des in aller Regel ablehnenden Widerspruchsbescheides erstmalig beschwert wird (§ 79 Abs. 1 Nr. 2 VwGO).

Auf der Bescheidebene bieten sich noch weitere Beschleunigungsmöglichkeiten an, die ausdrücklich gesetzlich geregelt sind. § 12b Abs. 2 S. 1 KAG erlaubt den Erlass von sog. Folgebescheiden. Das sind Abgabenbescheide, die für den Zeitraum mehrerer auch zukünftiger Abrechnungsperioden Gültigkeit haben. Eine derartige Handhabung kann bei Steuern in Betracht kommen, aber auch bei Straßenreinigungsgebühren; die Frontlänge des Grundstückes als Berechnungsgrundlage bleibt in aller Regel unverändert, sofern sich auch der Gebührensatz nicht verändert. Sie scheidet aus bei verbrauchsabhängigen Gebühren und selbstverständlich auch bei Beiträgen. Hiervon zu unterscheiden ist die Fallkonstellation, dass in einem Bescheid für das nächste Jahr Vorauszahlungen geltend gemacht werden. Wie ein derartiger Folgebescheid auszusehen hat, ist in der verwaltungsgerichtlichen Rechtsprechung letztlich noch nicht geklärt. Es dürfte wohl nicht ausreichend sein, lediglich die Fälligkeiten in den Folgejahren anzugeben. Vielmehr ist der Bescheid als solcher ausdrücklich als Folgebescheid zu kennzeichnen und dies nicht nur, wie ich es erlebt habe, kleingedruckt und irgendwo an versteckter Stelle des Bescheides.

Eine weitere Möglichkeit der Beschleunigung kann § 12b Abs. 1 KAG entnommen werden. Diese Vorschrift ermöglicht die Festsetzung und Erhebung mehrerer Abgaben, die denselben Abgabeschuldner betreffen, und zwar im Rahmen eines einheitlichen Bescheides. In der Praxis wird diese Vorschrift allenfalls umgesetzt bei der zusammengefassten Veranlagung zu Grundsteuern und Straßenreinigungsgebühren, manchmal kommen auch noch Wasser- und Bodenverbandsumlagen hinzu. Eine Zusammenfassung von Wasser- und Abwassergebühren ist ebenfalls üblich. Eine noch weitergehende Zusammenfassung scheitert in aller Regel am Auseinanderfallen der Abgabengläubiger.

Eine durchaus effektive Form der Beschleunigung ergibt sich aufgrund der in § 12a KAG vorgesehenen Möglichkeit, Abgaben durch öffentliche Bekanntmachung zu erheben. Von dieser Möglichkeit wird in Brandenburg, soweit ersichtlich, bisher kaum Gebrauch gemacht. Der Anwendungsbereich dieser Vorschrift ist allerdings auf Steuern und Gebühren beschränkt. Als Abgaben eignen sich insbesondere die Grundsteuer und auch die Straßenreinigungsgebühren. Sämtliche verbrauchsabhängigen Benutzungsgebühren scheiden hier von vornherein aus.

IV. Vereinfachung und Beschleunigung im Widerspruchsverfahren

Eine besondere Problematik ergibt sich hinsichtlich des Widerspruchsverfahrens und des Erlasses des Widerspruchsbescheides. Hierbei ist allerdings schwer zu entscheiden, ob gewisse Praktiken der Beschleunigung oder mehr der Verzögerung dienen. Eine Beschleunigung tritt sicherlich dann ein, wenn die Behörde bei mehreren parallelen Widersprüchen lediglich einen »Einheitswiderspruchsbescheid« fertigt. Die Folge derartiger Widerspruchsbescheide ist jedoch in fast allen Fällen, dass der Pflichtige den Klageweg beschreitet. Die Behörde muss sich auch des Risikos bewusst sein, dass der Pflichtige möglicherweise während des Klageverfahrens den Rechtsstreit in der Hauptsache für erledigt erklärt, wenn er, sei es durch die Behörde oder sei es durch das Gericht, die erforderlichen Antworten auf seine Rechtsprobleme erhält. Die Behörde hat selbstverständlich die Möglichkeit, dieselben Rechtsprobleme im Rahmen des Widerspruchsbescheides inhaltlich zusammenzufassen. Dennoch sollte sie bemüht sein, auf die individuellen Widerspruchsgründe in gesonderten Passagen des Widerspruchsbescheides einzugehen.

Was die Kostentragungspflicht der Behörde angeht, so bietet es sich meiner Erfahrung nach an, die Behörde insoweit auch mehr und mehr in die Pflicht zu nehmen.

Im Rahmen des Widerspruchsbescheides sollte die Behörde auch von der Möglichkeit Gebrauch machen, gebotene Änderungen der Veranlagung vorzunehmen, sei es, dass eine geänderte Berechnung erfolgt, insbesondere im Straßenausbaubeitragsrecht und im Erschließungsbeitragsrecht, sei es, dass weitere tatbestandliche Voraussetzungen für die Entstehung der sachlichen Beitragspflicht im Rahmen des Widerspruchsverfahrens nachgeholt und hieraus im Widerspruchsbescheid Konsequenzen gezogen werden, z.B. in Form einer Neufestsetzung der Fälligkeit des Beitrages. Der Widerspruchsbescheid hat dann die Rechtsnatur eines Erstbescheides anzunehmen und nicht nur den Widerspruch einfach zurückzuweisen.

In diesem Zusammenhang ist auf § 126 Abs. 2 AO hinzuweisen, der die Möglichkeit eröffnet, auf Bescheidebene Umstände nicht nur während des Widerspruchsverfahrens, sondern darüber hinaus auch während des Klageverfahrens, soweit es sich um eine Tatsacheninstanz handelt, nachzuschieben. Das gilt insbesondere auch für Ermessenserwägungen, sofern im Rahmen des Ausgangsbescheides die Behörde ihr Ermessen überhaupt schon getätigt hat.

Zur Beschleunigung trägt hingegen nicht eine Verfahrensweise bei, bei welcher eine Änderung z.B. des Heranziehungsbetrages nicht allein im Rahmen des Widerspruchsbescheides vorgenommen wird, sondern zusätzlich durch den Erlass eines Änderungsbescheides mit der Rechtsmittelbelehrung, dass hiergegen erneut Widerspruch eingelegt werden kann. Bei einer derartigen Handhabung können Klageverfahren bei Gericht und ein erneutes Widerspruchsverfahren bei der Behörde parallel laufen.

V. Auswahl und Handhabung von Musterverfahren

Zwiespältig ist die Einschätzung von Musterverfahren. Die Voraussetzungen des § 93a VwGO dürften im Abgabenrecht im Allgemeinen nicht gegeben sein, weil keine bestimmte behördliche Maßnahme Gegenstand mehrerer Verfahren ist. Bei den einzelnen Abgabenbescheiden handelt es sich vielmehr um jeweils gesonderte behördliche Maßnahmen im Sinne dieser Vorschrift. Unabhängig von § 93a VwGO können die Beteiligten jedoch die Durchführung von Musterverfahren (ein Verfahren oder mehrere Verfahren) vereinbaren. Es stellt sich zunächst die Frage, ob diese bereits auf Verwaltungsebene oder aber erst auf verwaltungsgerichtlicher Ebene vereinbart werden. Folgende Problembereiche stellen sich im Einzelnen aus Sicht der Behörde: Soll ich mich überhaupt auf derartige Musterverfahren einlassen? Es gibt Behörden, welche den Standpunkt vertreten, dass jeder einzelne Pflichtige klagen solle, und zwar jeweils mit dem vollen Risiko der Kostentragung. Dahinter steckt natürlich die Überlegung, dass bei größerem Risiko umso weniger Verfahren zu erwarten sind.

Unabhängig davon stellt sich die Frage, welches Verfahren als Musterverfahren ausgewählt wird, es muss dafür sowohl in tatsächlicher als auch in rechtlicher Hinsicht geeignet sein. Es müssen Regelungen getroffen werden für den Fall des Ausfalls des Widerspruchsführers im Musterverfahren bzw. des Musterklägers. Was passiert, wenn dieser plötzlich nicht länger bereit ist, als Musterkläger zur Verfügung zu stehen? Tritt ein anderer an seine Stelle? Wie soll die Entscheidung im Musterklageverfahren dann umgesetzt werden? Es stellt sich weiter die Frage eines etwaigen Rechtsmittelverfahrens, wenn der Pflichtige unterliegen sollte (zumindest eine interne Regelung). Es muss eine Regelung zur Kostentragung erfolgen. In welchem Verhältnis sollen diejenigen an den Kosten des Musterverfahrens beteiligt werden, die sich diesem Verfahren angeschlossen haben? Es muss weiterhin – dies ist wichtig – eine Regelung dazu erfolgen, was mit den Verfahren zu passieren hat, die sich dem Musterverfahren angeschlossen haben. § 93a VwGO enthält die Vorgabe, dass die anderen Verfahren, die sich dem Musterverfahren angeschlossen haben, ausgesetzt werden, d.h. sie bleiben also noch bei Gericht anhängig.

Meine Lösung ist eine andere. Es sollte tunlichst erreicht werden, dass die anderen Verfahren abgeschlossen werden, denn sonst kann Folgendes passieren: Trotz der Entscheidung im Musterverfahren stellen die anderen Kläger, die sich angeschlossen haben, nach Abschluss des Verfahrens auf einmal fest, dass bei ihnen entweder in tatsächlicher oder auch in rechtlicher Hinsicht Besonderheiten vorliegen, die es nicht länger gerechtfertigt erscheinen lassen, sich dem Ergebnis des Musterverfahrens zu beugen. Der tollste Fall meiner Praxis war, dass es im Musterverfahren eine Gartenpforte mit Stufen gab, jemand aber behauptete, er habe eine solche ohne Stufen und das sei ein Unterschied, der gesondert berücksichtigt werden müsse. Deswegen war bei meinen Musterverfahrensvereinbarungen immer das Ergebnis, dass die angeschlossenen Kläger ihren Widerspruch bzw. ihre Klage zurücknehmen, d.h. deren Bescheide wurden dann bestandskräftig.

Wird diese Vorgehensweise gewählt, hat das zur Konsequenz, dass Regelungen über eine Zahlungspflicht erfolgen müssen. Werden die Bescheide bestandskräftig, muss geregelt werden, ob sofort eine Zahlung erfolgen soll oder nicht. Ersteres ist – sollte noch keine Zahlung erfolgt sein – im Verhältnis zum Musterkläger nicht gerechtfertigt, also müsste eine zinslose Stundung der bestandskräftigen Bescheide bis zum Abschluss oder bis einen Monat nach Abschluss des Musterverfahrens vereinbart werden. Eine »Ungleichbehandlung« ergibt sich dann natürlich gegenüber den Klägern, die bereits gezahlt haben.

Sie sehen, die Vereinbarung von Musterverfahren dient durchaus der Beschleunigung, andererseits ist es aber auch sehr kompliziert, derartige Vereinbarungen zu schließen. Wichtig ist, dass Sie eine verantwortliche Person haben. Ob sich da immer ein »normaler Kläger« allein eignet, ist mehr als fraglich. In der Regel hat es sich als vorteilhaft erwiesen, wenn ihm ein Prozessbevollmächtigter zur Seite steht, der größere Kontinuität garantieren kann.

Wichtig ist im Hinblick auf die Ausführungen von Herrn *Kipp* auch, dem Gericht zu signalisieren, dass es sich bei dem anhängig gemachten Verfahren um ein derartiges Musterverfahren handelt. Wir haben vielfach – und dies vor dem Hintergrund überlanger Verfahrensdauer und drohender Entschädigung von 3.000 EUR – die Erfahrung gemacht, dass wir die Bedeutung eines solchen Verfahren gar nicht erkannt haben. Das Verfahren, das die Beteiligten ausgewählt haben, hat in der Regel einen sehr niedrigen Streitwert. Ich will nicht behaupten, dass der Richter für die Reihenfolge der Verfahren nur den Streitwert als Maßstab nimmt. Aber er geht möglicherweise davon aus, dass dieses Verfahren keine allzu große Bedeutung hat, und dann kommt auf einmal eine Dienstaufsichtsbeschwerde oder aber nur der Einwurf: Warum habt ihr die Bedeutung dieses Verfahrens nicht erkannt? Das kann ein Richter nicht erkennen, wenn die Beteiligten ihn nicht darauf hinweisen.

Die Beteiligten müssen sich darüber hinaus im Klaren sein, dass es sich bei der Vereinbarung eines derartigen Musterverfahrens um einen sog. Verfahrensvergleich handelt. Dieser entspricht grundsätzlich einem normalen gerichtlichen oder außergerichtlichen Vergleich. Aber es ist kein Vergleich mit materiellen Regelungen. Aus diesem Grunde hat das *OVG Münster* entschieden, dass eine Loslösung von den Vereinbarungen eher möglich ist als eine Loslösung von einem echten materiell-rechtlichen Vergleich[3].

VI. Beschleunigung durch eindeutige und widerspruchsfreie Verwendung von Begriffen

Jetzt kommt etwas Selbstverständliches, was in Brandenburg aber doch nicht so selbstverständlich ist. Eine Beschleunigung kann auch dadurch erreicht werden, dass die vom Gesetz vorgesehenen Begriffe durch die Behörden einheitlich verwendet werden. Dies gilt z.B. für den Begriff der Fälligkeit bei den Säumniszuschlägen, der nicht anders in § 2 Abs. 1 S. 2 KAG als zwingender Bestandteil jeder Beitrags- und Gebührensatzung oder auch in § 240 AO oder im Vollstreckungsrecht (§ 6 Abs. 1 Nr. 2 VwVfGBbg) verwendet wird. Ersetzt die Behörde den Begriff dagegen z.B. dahingehend, dass der angeforderte Betrag innerhalb von einer bestimmten Zahl von Wochen zu zahlen ist, so führt dies bereits zu Auslegungsschwierigkeiten, da unklar bleibt, ob damit zugleich die Fälligkeit festgesetzt ist.

Gleiches gilt für den Begriff der Aussetzung der Vollziehung im Gegensatz zu der Erklärung, dass lediglich von Vollziehungsmaßnahmen Abstand genommen wird.

VII. Vereinfachungsmöglichkeiten im Abgabenverfahrensrecht

Ergänzend und abschließend ist auf die Regelung in § 218 Abs. 2 AO hinzuweisen, wonach über Ansprüche aus dem Steuerverhältnis in aller Regel durch einen Bescheid zu entscheiden ist.

Letztlich möchte ich noch auf eine Beschleunigungsvorschrift hinweisen, die leider nur in der Finanzgerichtsordnung festgelegt ist: § 68 FGO. Diese Vor-

3 Vgl. OVG Münster, Urt. v. 30.10.2001 – 15 A 5184/99, NVwZ-RR 2002, 296.

schrift regelt zwingend, dass ein Änderungsbescheid in das laufende Verfahren einzubeziehen ist und dass die Behörde dem Gericht den Erlass des Änderungsbescheides mitzuteilen hat. Damit wird zwingend die im Verwaltungsprozess oft anzutreffende Prozesslage umgangen, dass der Rechtsstreit hinsichtlich des ursprünglichen Bescheides in der Hauptsache für erledigt erklärt wird und dann auf Seiten der Behörde ein neues Widerspruchsverfahren eingeleitet werden muss.

Ergänzend möchte ich auf den Begriff der Bestandskraft eingehen. Die Behörde sollte – auch dies ist ein Element der Beschleunigung – tunlichst darauf achten, dass Teile einer Beitrags- oder Gebührenfestsetzung, die bestandskräftig geworden sind, auch bestandskräftig bleiben. Dies bezieht sich insbesondere auf das Verhältnis von Vorausleistungen oder Vorauszahlungen zur endgültigen Veranlagung. Sofern die Behörde den gesamten Beitrag neu festsetzt und dabei noch einmal eine neue gesamtbezogene Fälligkeit festlegt, wird praktisch die Bestandskraft des ersten Bescheides ab absurdum geführt mit der Folge, dass der Kläger – obwohl ein Teil bestandskräftig ist – die Möglichkeit erhält, noch einmal gegen die gesamte Veranlagung vorzugehen. Dies ist dann auch eine Frage des Streitwertes (Festsetzungsbetrag oder Zahlbetrag). Gleiche Überlegungen gelten im Falle eines nur eingeschränkt erhobenen Rechtsbehelfs.

VIII. Beschleunigungsmöglichkeiten bei der Vorbereitung und Begleitung der Festsetzungs- und Klageverfahren

Unabhängig von diesen gesetzlichen Möglichkeiten – und damit komme ich zum 2. Teil meiner Ausführungen – dürften auch auf Behördenebene Beschleunigungsmöglichkeiten gegeben sein, die allerdings allein in der Praxis bestehen und folglich von Behörde zu Behörde unterschiedlich sein können. Aus gerichtlicher Sicht ist entscheidend, dass der Kammer das vollständige und aktuelle Ortsrecht der Gemeinde bzw. des Zweckverbandes vorliegt. Es ist erstrebenswert, dass die Gemeinde bzw. der Zweckverband unabhängig von den einzelnen Klageverfahren das maßgebliche Ortsrecht dem Gericht gegenüber von sich aus ergänzt. Ich betone dies aus folgender Erfahrung heraus: In einem Termin hat das Gericht ausführlich die Sach- und Rechtslage erörtert, ist im Ergebnis zur Nichtigkeit der Satzung gekommen und der Behördenvertreter hat lakonisch erklärt, genau die vom Gericht aufgezeigten Nichtigkeitspunkte seien bereits erkannt. Man habe inzwischen eine neue Satzung, die alle Fehler geheilt habe und die im Termin überreicht wurde, mit der Folge, dass das Gericht vor der Entscheidung stand, entweder in eine allgemeine Lesestunde einzutreten oder aber die Sache zu vertagen, um der Kläger Gelegenheit zur Stellungnahme zu geben und selbst in Ruhe die neue Satzung unter die Lupe nehmen zu können.

Im Erschließungs- und Straßenausbaubeitragsrecht können vorbereitende Maßnahmen für die Veranlagung bereits während der jeweiligen Ausbaumaßnahmen erfolgen. So können z.B. Fragen der Widmung, des Vorhandenseins von Bebauungsplänen oder Abrundungssatzungen oder das Vorliegen sonstiger Voraussetzungen für die Beitragspflicht geprüft und gesammelt werden, was unabhängig von der späteren Kostenzusammenstellung möglich ist. Was Bebauungspläne und Abrundungssatzungen angeht, so gilt dies gleichermaßen im Verhältnis von Gemeinde und Zweckverband, d.h. eine Beschleunigung kann dadurch erreicht werden, dass die Gemeinde dem Zweckverband von sich aus das Vorhandensein derartiger bauplanungsrechtlicher Unterlagen anzeigt und ihm diese überreicht. Bei Ausbaumaßnahmen sollte der Unternehmer verpflichtet werden – je nach abgabenrechtlichem Bedarf –, getrennte Unternehmerrechnungen einzureichen, sodass eine später eventuell gebotene Aufschlüsselung dieser Rechnungen (Kanalleitung im Verhältnis zur Grundstücksanschlussleitung) unterbleiben kann.

In diesem Zusammenhang stellt sich immer wieder die Frage, ob nach tatsächlichen Kosten oder nach Einheitssätzen abgerechnet werden soll. Tatsächliche Kosten sind natürlich unter dem Gesichtspunkt der Gerechtigkeit und der Transparenz für den Betroffenen vorteilhafter. Andererseits sieht das Gesetz vielfach ausdrücklich die Erhebung von Einheitssätzen (§ 10 Abs. 1 und § 10a Abs. 1 KAG) vor mit der Folge, dass durch die Pauschalierung eine Beschleunigung erreicht werden kann.

Durch eine Paralleltätigkeit innerhalb der Behörde bei der Zusammenstellung aller Unterlagen wird eine zeitnahe Veranlagung nach Entstehung der sachlichen Beitragspflicht ermöglicht, was Rechtmittelverfahren vermeiden kann. Anders war es in meiner Heimatgemeinde: Die Bescheide ergingen manchmal erst nach vier Jahren und zwischen Weihnachten und Neujahr; dass dann Widerspruch von den Pflichtigen eingelegt wurde, dürfte durchaus verständlich sein.

Bescheide – auch dies ist ein Aspekt aus der Praxis – sollten möglichst gleichzeitig erlassen werden. Das hat zur Folge, dass die Behörde zeitgleich einen Überblick über etwaige Widerspruchsverfahren und damit über etwaige Widerspruchsgründe erhält. Aus der Gesamtschau wird es ihr dann möglich sein, ihre Veranlagung insgesamt zu überprüfen und alle vorgetragenen Gesichtspunkte im Rahmen der Widerspruchsbescheide zu würdigen. Durch eine derartige Vorgehensweise kann vermieden werden, dass die Veranlagungen zu unterschiedlichen Ergebnissen führen.

Ein Beispiel ist insbesondere das Straßenausbau- bzw. Erschließungsbeitragsrecht: Die Bescheide, die auf den Ausbau einer bestimmten Straße bezogen sind, werden zeitgleich erlassen. In der Regel – von der Wiedereinsetzung in den vorigen Stand einmal abgesehen – kommen dann die Widersprüche. Die Behörde sammelt die Widerspruchsgründe und kann diese dann in einem fast einheitlichen Widerspruchsbescheid verarbeiten. Die Widerspruchsbescheide ergehen auch zeitgleich, sodass die Behörde zur gleichen Zeit alle potenziellen Widerspruchsführer/Kläger aus dieser Straße erfasst hat. Das Gericht kann dann seinerseits in aller Regel feststellen, dass keine weiteren Klagen mehr dazukommen.

Das ist natürlich im Anschlussbeitragsrecht und insbesondere im Gebührenrecht kaum machbar. Man kann also nicht alle Abgabenarten gleich behandeln. Ich möchte mich jedoch entschieden gegen die These wenden, es könne durchaus hingenommen werden, dass heute eine Klage abgewiesen und morgen einer Klage stattgegeben wird, je nachdem wie umfangreich die Klagebegründung ist und welchen Kenntnisstand das Gericht hat. Man sollte also, wenn es eben geht, eine einheitliche Linie haben. Dass die Richter gerade bei komplizierten und umfangreichen Kalkulationen nicht immer alles sehen und dass möglicherweise ein späterer Kläger Gesichtspunkte vorträgt, die zunächst nicht gesehen wurden, ist leider unumgänglich. Dies sollte allerdings die große Ausnahme sein und in Normenkontrollverfahren gar nicht vorkommen. Auf Seiten der Behörden ist noch die zeitliche Einbindung der Vertreter des Rechtsamtes (Servicebereich Recht) zu bedenken. Werden diese erst eingeschaltet, wenn das Klageverfahren bei Gericht anhängig ist oder werden sie möglicherweise schon im Vorfeld eingeschaltet, um das Verfahren in rechtlicher Hinsicht besser oder genauer zu überprüfen.

Eine Beschleunigung dürfte sicherlich auch durch Einführung sog. Deckblätter zu den jeweiligen Veranlagungsakten erreicht werden. Derartige Deckblätter sollten gleichsam als Übersicht die maßgeblichen Daten des Ausbaus und der Abgabenerhebung enthalten, z.B. die Bezeichnung des Eigentümers des Grundstücks und die Angabe der Rechtsform des Eigentums (Miteigentum, GbR-Gesellschaft, Erbengemeinschaft). Weitere Gesichtspunkte, die sonst erst im Klageverfahren mühsam aufgeklärt werden müssen, sind: Das Grundstück mit der Bezeichnung Flur und Flurstück, Bebauungsplanbereich ja oder nein, Abrundungssatzung ja oder nein, Zeitpunkt der Rechtsverbindlichkeit der Planung, bebaut oder unbebaut, wenn bebaut Umfang der Bebauung sowie tatsächliche Nutzung, außerdem die Ausbaumaßnahmen von – bis und die VOB-Abnahme zum Abschluss der Arbeiten.

Ein derartiges Deckblatt ist einerseits interne Kontrolle auf Seiten der Verwaltung, um keinen Punkt der Abrechnung zu vergessen. Wenn ein derartiges Deckblatt gefertigt wird, ist dies andererseits auch ideal für das Gericht, das den gebotenen Überblick erhält und somit nicht mehr wegen einzelner Daten bei der Behörde nachzufragen braucht.

Ich habe Ihnen, sehr geehrte Damen und Herren, einen bunten Strauß von Beschleunigungsmöglichkeiten vorgestellt. Ich kann nur hoffen, dass in diesem Strauß vielleicht einige Blumen gewesen sind, die auch Ihnen zugesagt haben.

B. *Hilfreiche Rechtsprechung bei der Vereinfachung des Abgabenrechts?* (Dr. Ulrich Becker)

Das Thema meiner Ausführungen lautet: »Hilfreiche Rechtsprechung bei der Vereinfachung des Abgabenrechts«. Bitte sehen Sie es mir nach – es steht mir als Anwalt nicht zu, die Rechtsprechung als hilfreich oder nicht hilfreich zu bewerten. Es sind einige Eindrücke von außen, die ich Ihnen gerne vortragen möchte.

I. Einleitung

1. Das *VG Dessau* hatte im Jahr 2000 über die Rechtmäßigkeit von drei Bescheiden zu entscheiden, mit denen ein Grundstückseigentümer zu Straßenbaubeiträgen in einer Höhe von insgesamt 17.000,00 DM herangezogen wurde. Das Verwaltungsgericht gab der Klage statt und hob die drei Straßenbaubeitragsbescheide auf[1].

So weit, so gut. Erstaunlich jedenfalls auf den ersten Blick – oder vielleicht sollte man genauer sagen: Auf den nicht durch kommunalabgabenrechtliche Spezialkenntnisse getrübten Blick – war jedoch die Begründung des *VG Dessau*. Die Bescheide wurden aufgehoben, weil die verklagte Kommune zu geringe Straßenbaubeiträge erhoben hatte. »Verkehrte Welt« mögen Sie denken. Denn man mag sich fragen, wie das *VG Dessau* zu der Ansicht gelangte, dass die Straßenbaubeitragsbescheide rechtswidrig waren und den klagenden Bürger in seinen Rechten verletzt haben (vgl. § 113 Abs. 1 S. 1 VwGO), wenn das Gericht in den Urteilsgründen doch selbst ausführt, dass die erhobenen Beiträge letztlich zu gering waren.

Dieser vermeintliche Widerspruch ist für den Kommunalabgabenrechtler leicht aufzulösen. Unabdingbare Voraussetzung der Erhebung von Kommunalabgaben ist (auch in Brandenburg) eine wirksame Abgabensatzung, im vorliegenden Fall eine wirksame Straßenbaubeitragssatzung. Das Gericht stellte fest, dass die seinerzeitige Straßenbaubeitragssatzung der Kommune zu bürgerfreundlich gestaltet war und der Anteil, den die Kommune selbst bei der Refinanzierung der Straßenbaumaßnahme zu tragen hatte, zu hoch bemessen war. Man muss dazu wissen, dass die Gemeinden in Sachsen-Anhalt gesetzlich verpflichtet sind, die Beiträge vollständig zu erheben. So fordert das *VG Dessau* – und dies entspricht auch der Rechtsprechung der brandenburgischen Verwaltungsgerichte –, dass so genannte »Anliegerstraßen«, dies sind Straßen, bei denen der Anliegerverkehr den Durchgangsverkehr überwiegt, sodann auch überwiegend, d.h.

1 *VG Dessau*, Urt. v. 7.9.2000 – 2 A 756/99 DE, NVwZ-RR 2001, 326 ff.

mit mehr als 50% von den bevorteilten Grundstückseigentümern refinanziert werden müssen.

Das *VG Dessau* führt in diesem Zusammenhang unter anderem aus[2]:

> »Unerheblich ist es weiter, ob ein Ermessensfehler bei der Bemessung des Gemeindeanteils zu einer übermäßigen Belastung der Beitragspflichtigen führt, oder ob umgekehrt der Gemeindeanteil in einem mit Artikel 3 Grundgesetz und der Verpflichtung der Gemeinden zur Erhebung von Straßenausbaubeiträgen nicht zu vereinbarenden Weise zu niedrig festgesetzt wurde. Die in § 113 Abs. 1 S. 1 VwGO getroffene Unterscheidung zwischen Rechtswidrigkeit und der Verletzung des Klägers in seinen Rechten ist auf Satzungen nicht anwendbar. Satzungsbestimmungen sind entweder gültig oder ungültig. Ist eine Satzung ganz oder teilweise wegen Verstoßes gegen höherrangiges Recht ungültig, so liegt in einer auf einer solchen Satzung gestützten Heranziehung durch einen Verwaltungsakt immer auch eine Verletzung eigener Rechte des Klägers i.S.v. § 113 Abs. 1 VwGO. Auf die Betroffenheit gerade des Klägers von dem Verstoß der Satzung gegen die höherrangige Norm kommt es nicht an. Entscheidend ist eine Belastung mit einer Abgabe, die nicht entstanden ist, weil die Satzung entweder insgesamt oder in wesentlichen Teilen rechtswidrig ist.«

Auf diese Passage werde ich später nochmals zurückkommen.

2. Diese Entscheidung des *VG Dessau* hat den früheren Präsidenten des *BVerwG*, *Horst Sendler*, zu einer Urteilsbesprechung unter dem Titel »Planerhaltung und kommunales Beitragsrecht« veranlasst[3]. Kernfrage, die *Sendler* in seinem Beitrag aufwirft, ist, ob die von der Rechtsprechung entwickelten Grundsätze der Planerhaltung im Bauplanungsrecht nicht auf das kommunale Abgabenrecht übertragen werden könnten. Sollten, mit anderen Worten, die Instrumente, die in einer Königsdisziplin des Verwaltungsrechts, nämlich dem Bauplanungsrecht, entwickelt wurden, nicht auch in den Niederungen des Kommunalabgabenrechts Beachtung finden können?

3. Ich möchte diesen Gedanken mit meinem heutigen Referat aufgreifen. Dabei geht es mir nicht um verfahrensrechtliche Vereinfachungen im vorgerichtlichen Verfahren oder im Verwaltungsprozess. Hierzu sind andere auf der Tagung berufen. Mir geht es um Lösungsansätze im Bereich des materiellen Rechts.

Lassen Sie mich die Fragestellung bitte noch etwas konkretisieren. Natürlich gehört das Thema in den Zusammenhang von Fragen nach verwaltungsgerichtlicher Kontrolldichte[4]. Es dürfte nicht von ungefähr kommen, dass das *BVerwG* just ein kommunalabgabenrechtliches Verfahren gewählt hat, um den Versuch zu unternehmen, in einer Art höchstrichterlichem Weckruf die Verwaltungsgerichtsbarkeit zu ermahnen, bei der Handhabung des Amtsermittlungsgrundsatzes das nötige »Fingerspitzengefühl« zu beweisen. Gemeint ist damit die Entschei-

2 *VG Dessau*, Urt. v. 7.9.2000 – 2 A 756/99 DE, NVwZ-RR 2001, 326, 327 f.

3 *Sendler*, NVwZ 2001, 1006 ff.

4 Vgl. hierzu statt vieler *Ossenbühl*, Gedanken zur Kontrolldichte in der verwaltungsgerichtlichen Rechtsprechung, in: Festschrift für Konrad Redeker, München 1993 mit einer Vielzahl von Literaturhinweisen.

dung des *BVerwG* zur Görlitzer Marktsatzung aus dem Jahr 2002[5]. Allerdings geht es mir bei dem heutigen Referat nicht um das Minenfeld ungefragter Fehlersuche. Es geht mir auch nicht um eine Antwort auf die Frage, ob, und wenn ja, in welchen Fällen ein Richter einen von ihm entdeckten Fehler ignorieren darf. Vielmehr möchte ich gemeinsam mit Ihnen überlegen, ob es bei der Auslegung materiellen Rechts Mechanismen gibt, die zu einer Vereinfachung des Abgabenrechts und – trotzdem oder vielleicht gerade deshalb – im Ergebnis zu gerechten Ergebnissen führen können.

Ich werde dabei in zwei Schritten vorgehen und meine nachfolgenden Ausführungen auch entsprechend strukturieren. In einem ersten Teil geht es mir darum, aufzuzeigen, unter Zuhilfenahme welcher Argumentationsfiguren die verwaltungsgerichtliche Rechtsprechung – so wie ich es nennen würde – zur Vereinfachung des materiellen Abgabenrechts beigetragen hat und beiträgt. In einem zweiten Teil möchte ich Fragenkreise aus dem kommunalen Abgabenrecht ansprechen, in denen meiner Einschätzung nach eine Vereinfachung wünschenswert wäre. Teilweise wäre diese Vereinfachung unter der derzeit geltenden Gesetzeslage möglich. Vielleicht müsste an mancher Stelle allerdings auch der Gesetzgeber helfen. Darauf werde ich zurückkommen.

Nur kurz, weil ich eben den Gesetzgeber angesprochen habe. Ich verkenne nicht, dass gerade im Kommunalabgabenrecht die Unbeachtlichkeitsvorschriften des § 3 Abs. 4 BbgKVerf Erhebliches zur Stabilisierung der Satzungslandschaft in Brandenburg beitragen. Mit diesem Hinweis möchte ich es allerdings belassen, weil mein Thema heute mehr auf die Aufgabe bzw. die Rolle der Rechtsprechung zielt.

II. Leistungen der Rechtsprechung zur Vereinfachung des materiellen Abgabenrechts am Beispiel der Rechtsprechung der brandenburgischen Verwaltungsgerichte bzw. des OVG Berlin-Brandenburg

Kurz zur Selbstvergewisserung: Unser Rechtsstaat schuldet seinen Bürgern unter anderem effektiven Rechtsschutz. Wird jemand durch die öffentliche Gewalt in seinen Rechten verletzt, so steht ihm der Rechtsweg offen (Art. 19 Abs. 4 S. 1 GG). Einfachgesetzlicher Orientierungspunkt der Verwaltungsgerichtsbarkeit in Anfechtungskonstellationen ist § 113 Abs. 1 S. 1 VwGO. Sie kennen alle die Vorschrift: Soweit der Verwaltungsakt rechtswidrig und der Kläger dadurch in seinen Rechten verletzt ist, hebt das Gericht den Verwaltungsakt und den etwaigen Widerspruchsbescheid auf. Dies sind unverrückbare Orientierungspunkte verwaltungsgerichtlicher Rechtsprechung.

5 *BVerwG*, Urt. v. 17.4.2002 – 9 CN 1.01, BVerwGE 116, 188 ff.

Wenn es nun im Folgenden darum geht, gleichsam Instrumente einer sachgerechten Vereinfachung des materiellen Abgabenrechts vorzustellen, ist es zunächst hilfreich, sich die Besonderheiten des Kommunalabgabenrechts zu vergegenwärtigen. Dabei nehme ich nicht für mich in Anspruch, den gesamten Bereich des Kommunalabgabenrechts hinreichend zu überblicken. Kommunale Steuern sind für mich beispielsweise ein weitgehend unbeschriebenes Blatt. Bei den nachfolgenden Ausführungen nehme ich daher – soweit ich sie überblicke – die brandenburgische Rechtsprechung zum Erschließungs- und Straßenbaubeitragsrecht einerseits sowie zum Recht der leitungsgebundenen Einrichtungen andererseits in den Blick. Im Bereich der leitungsgebundenen Einrichtungen geht es um Herstellungsbeiträge sowie Benutzungsgebühren. Wenn man dies mit Hausnummern im Kommunalabgabengesetz versieht, sind die §§ 6 und 8 BbgKAG angesprochen. Die Vorschriften zum Erschließungsbeitragsrecht finden sich in den §§ 127 ff. BauGB. Nun allerdings nochmals zurück zu der Frage, welche Spezifika das Kommunalabgabenrecht aufweist. Aus dem hier interessierenden Blickwinkel sind fünf Eigenheiten zu nennen:

Wo Kommunalabgaben erhoben werden, ist immer auch eine kommunale Satzung im Spiel[6]. Ein Großteil der nachfolgenden Überlegungen zur Vereinfachung des Kommunalabgabenrechts hat mit der Auslegung kommunaler Satzungen zu tun.

Die Erhebung von Kommunalabgaben ist fast durchweg ein Massengeschäft.

Bei der Erhebung von kommunalen Abgaben spielen häufig komplexe Rechenwerke eine Rolle. Dies gilt insbesondere für das Gebührenrecht. Der Satz »judex non calculat« gilt im kommunalen Abgabenrecht sicher nicht.

Schließlich noch zwei Charakteristika im Recht der leitungsgebundenen Einrichtungen, nämlich: Bei der Refinanzierung kommunaler Einrichtungen wie Trinkwasserversorgungsanlagen oder Abwasserbeseitigungsanlagen handelt es sich in gewisser Weise um eine Art Dauerschuldverhältnis. Es geht, etwas zugespitzt, gleichsam um die abgabenrechtliche Begleitung und Bewältigung eines »lebenslangen« Finanzierungsprozesses.

Und: Die Refinanzierung von Anlagen im Bereich leitungsgebundener Einrichtungen ist vielfach gekennzeichnet durch ein Nebeneinander, ein Zusammenspiel verschiedener Abgabenarten. Kommunale Einrichtungen werden in Brandenburg ganz häufig teilweise über Gebühren und teilweise über Beiträge refinanziert.

Zunächst: Wo bzw. wie »hilft« die Rechtsprechung?

6 Vgl. § 2 Abs. 1 S. 1 BbgKAG.

1. Beschränkung der gerichtlichen Kontrolle auf das Ergebnis

Schon das *OVG Frankfurt (Oder)* hat sich für die so genannte »Ergebnisrechtsprechung« als Prüfungsmaßstab kommunaler Abgabensatzungen entschieden[7]. Die Kernaussage dieser Rechtsprechung besteht darin, dass sich der Prüfungsmaßstab des in der Abgabensatzung enthaltenen Abgabensatzes allein daran orientiert, ob im gerichtlichen Verfahren der festgesetzte Abgabensatz mit einem stimmigen Rechenwerk untersetzt werden kann oder nicht. Es kommt nicht darauf an, dass dem für den Satzungsbeschluss zuständigen Organ im Zeitpunkt des Beschlusses des Abgabensatzes eine entsprechende stimmige Kalkulation vorgelegen hat. Prüfungsmaßstab ist deshalb zuvorderst das Kostenüberschreitungsverbot. Die Richtigkeit des Gebührensatzes ist daher lediglich eine prozessuale Darlegungspflicht des Aufgabenträgers. Dogmatisch gründet die Ergebnisrechtsprechung in einem bestimmten Verständnis des kommunalen Satzungsgebungsermessens. Mit den Worten des *OVG Frankfurt (Oder)*[8]:

> »Die in Teilen der obergerichtlichen Rechtsprechung vertretene Gegenmeinung, der Satzungsgeber müsse die Kalkulation mit ihren einzelnen Ansätzen ausdrücklich in seine Willensbildung aufnehmen (...), gleicht nach Auffassung des Senats zu Unrecht das Normensetzungsermessen einem Verwaltungsermessen und damit mittelbar die (Satzungs-)Normgebung dem übrigen Verwaltungshandeln an.«

Ähnlich äußert sich das *BVerwG* in der bereits erwähnten Entscheidung zur Görlitzer Marktsatzung. Dort heißt es auszugsweise:

> »Das Oberverwaltungsgericht verkennt den mit dem kommunalen Selbstverwaltungsrecht nach Art. 28 Abs. 2 GG verbundenen Umfang des Satzungsermessens, wenn es die einzelnen Schritte der inhaltlichen Vorbereitung der Entscheidung des Satzungsgebers nach der Art von (ermessensgeleiteten) Verwaltungsakten überprüft mit der Folge, dass jeder – vermeintliche – Kalkulationsirrtum als »Ermessensfehler« angesehen wird, der zur Ungültigkeit der gesamten Gebührenregelung führt, ohne dass geprüft wird, ob der eigentliche Normeninhalt (...) dem höherrangigen Recht (...) zuwider läuft. Diese rigorose Kontrollpraxis der Vorinstanz ist zur Wahrung der rechtlichen Gebührenhöchstgrenze weder geboten noch angemessen. Sie dient insbesondere nicht dem Schutz des Gebührenschuldners, weil dieser nur daran interessiert sein kann, nicht zu einer überhöhten Gebühr herangezogen zu werden.«[9]

Den Topos, dass sich die verwaltungsgerichtliche Rechtsprechung darauf beschränkt, die Richtigkeit des Ergebnisses, nicht aber den hier zugrunde liegenden Gedankengang zu bewerten, findet man nicht nur bei der Überprüfung kommunaler Satzungen, sondern auch bei der Prüfung konkreter Abgabenbescheide. Zwei Beispiele hierzu:

7 Vgl. schon *OVG Frankfurt (Oder)*, Urt. v. 6.11.1997 – 2 D 32/96. NE, VwRR-MO 1998, 48 ff.; vgl. auch *OVG Berlin-Brandenburg*, Urt. v. 1.12. 2005 – 9 A 03/05.

8 *OVG Frankfurt (Oder)*, o. Fußn. 7.

9 BVerwGE 116, 188, 194.

aa) Es entspricht gefestigter Rechtsprechung[10] auch im Land Brandenburg, dass ein Straßenbaubeitragsbescheid nicht deshalb aufgehoben wird, weil anstelle von Straßenbaubeiträgen Erschließungsbeiträge hätten erhoben werden müssen oder umgekehrt. Zum Teil wird angeführt, dass die Nennung der Rechtsgrundlage lediglich Teil der Begründung, nicht aber des Tenors des Bescheides sei.

bb) Auf einer vergleichbaren Argumentationsebene bewegt sich die 8. Kammer des *VG Potsdam*, wenn sie die Auffassung vertritt, dass es sich bei der Konkretisierung der beitragspflichtigen Teilfläche eines Buchgrundstückes durch zeichnerische Darstellung auf einem Flurkartenausschnitt lediglich um einen Teil der Begründung des Abgabenbescheides handelt.[11]

2. Typisierungs- und Pauschalierungsbefugnis; Begrenzung der gerichtlichen Kontrolle auf die Einhaltung des Willkürverbots

Ein weiteres Instrument der Rechtsprechung, das Kommunalabgabenrecht materiell »handhabbar« zu machen, besteht darin, dass auf Satzungsebene eine Pauschalierungs- bzw. Typisierungsbefugnis eingeräumt wird. Hintergrund dieser Rechtsprechung ist der Versuch, gerade bei Massengeschäften, und darum handelt es sich häufig im Kommunalabgabenrecht, einen sinnvollen Ausgleich zwischen Verwaltungspraktikabilität einerseits und sachgerechter Regelung eines Einzelfalls andererseits zu erreichen.

Derartige Typisierungen stellen etwa satzungsrechtliche Tiefenbegrenzungsregelungen dar. Das sind Vorschriften, mit denen der Satzungsgeber festlegt, bis zu welcher Tiefe in der Regel Grundstücke bei der Bemessung der beitragspflichtigen Fläche zu berücksichtigen sind. Auch abgabenrechtliche Maßstabsregelungen enthalten dort, wo Wahrscheinlichkeitsmaßstäbe Anwendung finden, typisierende Elemente. Typisierungsspielräume bestehen darüber hinaus auch für den kommunalen Satzungsgeber im Straßenbaubeitragsbereich bei der Festlegung des kommunalen Eigenanteils am beitragsfähigen Aufwand.

Die Rechtsprechung auch in Brandenburg beschränkt sich insoweit auf die Kontrolle des Willkürverbotes. Die Gerichte überprüfen insoweit nicht, ob der Satzungsgeber die zweckmäßigste, vernünftigste oder gerechteste Lösung gefunden hat. Vielmehr wird nur – gleichsam negativ – darauf geachtet, dass die Festlegung des Gemeindeanteils nicht schlechterdings unvertretbar ist[12]. All dies sind

10 Vgl. etwa *BVerwG*, Urt. v. 31.1.1992 – 8 C 31/90, BVerwGE 89, 362 ff. = NVwZ 1992, 670 ff.; abweichend in der Begründung *OVG Münster*, Urt. v. 19.7.1990 – 3 A 2934/86, NVwZ-RR 1991, 265 ff.

11 So *VG Potsdam*, Beschl. v. 12.1.2010 – 8 L 177/09.

12 Vgl. nur *OVG Frankfurt (Oder)*, Urt. v. 7.12.2004 – 2 A 168/02.

keine genuinen Leistungen der brandenburgischen Verwaltungsrechtsprechung, sondern weitgehend Gemeingut der verfassungs- und verwaltungsgerichtlichen Rechtsprechung in Deutschland. Gleichwohl ist anzumerken, dass jedenfalls in der Vergangenheit nach meinem Eindruck die verwaltungsgerichtliche Rechtsprechung, insbesondere das *OVG Frankfurt (Oder)* im Hinblick auf Typisierungsspielräume besonders strenge Maßstäbe angelegt hat.

Dies gilt beispielsweise für die Ermittlung der Vollgeschosszahl bei bebauten Grundstücken im unbeplanten Innenbereich. Das *BVerwG* hält im Erschließungsbeitragsrecht eine Satzungsbestimmung für unbedenklich, bei der für die Ermittlung der Anzahl der Vollgeschosse, die der Beitragsveranlagung zugrunde gelegt werden, auf die tatsächlich vorhandenen Vollgeschosse abstellt[13]. Dem ist das *OVG Frankfurt (Oder)* für den Bereich des Straßenbaubeitragsrechts und des Anschlussbeitragsrechts nicht gefolgt[14]. Es fordert insoweit eine Regelung, die für den unbeplanten Innenbereich unabhängig von einer Bebauung des betroffenen Grundstückes auf die mögliche Vollgeschosszahl abstellt. Ob sich diese relativ strenge Rechtsprechung in Brandenburg fortsetzt, bleibt abzuwarten. Derzeit sind beim *OVG Berlin-Brandenburg* Verfahren anhängig, in denen es um die Frage geht, wie die zulässige Vollgeschosszahl im unbeplanten Innenbereich zu bestimmen ist. Viele Aufgabenträger haben sich insoweit an Formulierungen aus Erschließungsbeitragssatzungen orientiert, die vom *BVerwG* nicht beanstandet wurden und die vorsehen, dass sich die Zahl der Vollgeschosse bei Grundstücken im unbeplanten Innenbereich an der in der näheren Umgebung überwiegend vorhandenen Zahl der Vollgeschosse bestimmt[15]. Die 9. Kammer des *VG Potsdam* vertritt demgegenüber die Auffassung, dass eine entsprechende Satzungsregelung von der Typisierungsbefugnis des Satzungsgebers nicht mehr gedeckt ist und mithin eine strenge Orientierung am Wortlaut des § 34 Abs. 1 S. 1 BauGB zu erfolgen hat[16].

Nicht geklärt ist in Brandenburg bislang auch, ob – wie in anderen Bundesländern akzeptiert – bei der Kalkulation von Beitrags- und Gebührensätzen bestimmte »Toleranzschwellen« gelten[17]. So hält beispielsweise das *OVG Münster* prinzipiell Kalkulationsfehler in einer Größenordnung von 3% bei einer Bei-

13 *BVerwG*, Urt. vom 26.1.1979 – 4 C 61/68, NJW 1980, 72 ff.

14 St. Rspr. seit *OVG Frankfurt (Oder)*, Urt. vom 8.6.2000 – 2 D 29/98.NE, LKV 2001, 132 ff.

15 *BVerwG*, Urt. v. 21.9.1979 – 4 C 22/78, ZMR 1980, 221 ff.

16 *VG Potsdam*, Urt. v. 19.3.2007 – 9 K 421/07 – nicht rechtskräftig. A.A. *VG Frankfurt (Oder)*, Urt. v. 18.7.2008 – 5 K 1078/04.

17 Vgl. etwa *OVG Frankfurt (Oder)*, Urt. vom 27.3.2002 – 2 D 46/99.NE, vgl. hierzu ausf. *Kluge* in: Becker/Benedens/Deppe/Düwel/Kluge/Liedtke/Schmidt, KAG Brandenburg, Losebl. (Stand: Juni 2010), § 6 Rdnr. 593 ff.

tragskalkulation für unschädlich[18]. Die Rechtsprechung in Brandenburg hat es bislang vermieden, sich hierzu zu positionieren[19].

III. Eingrenzung von Fehlerfolgen von Satzungen

Der Grundsatz der regionalen Teilbarkeit wurde von der Rechtsprechung im Hinblick auf die Verteilungsregelung von Abgabensatzungen entwickelt. Er besagt, dass die Satzung prinzipiell dann eine wirksame Rechtsgrundlage für die Abrechnung einer bestimmten Baumaßnahme darstellt, wenn sie für diese konkrete Baumaßnahme eine dem Vorteilsprinzip gerecht werdende Verteilungsregelung enthält[20]. Man kann in gewisser Hinsicht sagen, dass der Grundsatz der regionalen Teilbarkeit zu einer Relativierung der Satzung führt. Das bedeutet, die Rechtsprechung prüft, ob die jeweilige Straßenbaubeitragssatzung für die konkrete Abrechnungsmaßnahme hinreichende Regelungen im Sinne des Mindestgehaltes von § 2 Abs. 1 S. 2 BbgKAG enthält, also eine wirksame Regelung über den Kreis der Abgabenschuldner, den Abgabentatbestand, Abgabenmaßstab und -satz sowie Fälligkeitszeitpunkt der Abgabe.

Interessanterweise weitet die Rechtsprechung den Grundsatz der regionalen Teilbarkeit, der ursprünglich an die Verteilungsregelung anknüpfte, auf die anderen Essentialia der Satzung aus. Insbesondere gilt dies wohl für den Kreis der Beitragsschuldner[21]. Es deutet sich sogar an, dass die Gerichte in Brandenburg bereit sind, hier noch einen Schritt weiter zu gehen. Ich hatte bereits erwähnt, dass nach der Rechtsprechung des *OVG Frankfurt (Oder)* Verteilungsregelungen, die bei bebauten Grundstücken im unbeplanten Innenbereich auf die tatsächliche Bebauung abstellen, nicht zulässig sein sollen. Jedenfalls die 12. Kammer des *VG Potsdam* tendiert wohl dazu, hiervon eine Ausnahme zuzulassen, wenn im Ergebnis das Abstellen auf die tatsächliche Bebauung zu dem gleichen Resultat führt wie die Berücksichtigung der möglichen Bebauung.

Konstruktiv wäre eine entsprechende »geltungserhaltende« Interpretation der Satzung auch ein denkbarer dogmatischer Ansatz gewesen, um den eingangs geschilderten Fall des *VG Dessau* anders zu entscheiden. Der frühere Vorsitzende des Abgabensenats des *OVG Frankfurt (Oder)* sowie des *OVG Berlin-Brandenburg* weist in seiner Kommentierung des BbgKAG darauf hin, dass auch die Lesart einer Satzung möglich sei, wonach mit dem den Beitragsanspruch der Gemeinde nicht ausschöpfenden zu geringen Anliegeranteil lediglich ein Teil des

18 *OVG Münster*, Urt. v. 16.6.1994 – 9 A 4246/92, NWVBl. 1995, 24 ff.

19 Vgl. hierzu *Kluge*, a.a.O., Rdnr. 600 f.

20 Vgl. etwa *OVG Frankfurt (Oder)*, Urt. v. 23.3.2000 – 2 A 226/98, MittStGB Bbg 2000, 213, 217 f.

21 *OVG Frankfurt (Oder)*, Urt. v. 23.3.2000 – 2 A 226/98, MittStGB Bbg 2000, 213, 217 f.

Beitragsanspruchs (aber immerhin wirksam) verwirklicht werde[22]. Hieraus müsse man nicht wie das *VG Dessau* zwingend auf die Unwirksamkeit der Satzung und die Rechtswidrigkeit des Beitragsbescheides schließen, sondern könne hieraus als Konsequenz auch lediglich die ggf. von der Kommunalaufsicht durchzusetzende Pflicht ableiten, den Beitragsanspruch durch Erlass einer weiteren Satzung vollständig zu verwirklichen.

IV. Materiell-rechtliche Fragen mit Vereinfachungspotential

Lassen Sie mich abschließend zwei Bereiche nennen, in denen ich mir eine materielle Vereinfachung wünschen würde. Sie knüpfen an zwei der oben genannten Besonderheiten des Kommunalabgabenrechtes an, die bei den Vereinfachungsbestrebungen bislang nicht berücksichtigt wurden und betreffen beide den Bereich leitungsgebundener Einrichtungen. Es geht um das Verhältnis von Gebühren und Beiträgen im leitungsgebundenen Bereich und den Aspekt einer zeitlichen Eingrenzung von Kalkulationsfehlern.

1. Der Investitionsaufwand dieser Einrichtungen wird von den meisten Aufgabenträgern in Brandenburg »mischfinanziert«. Gemeint ist damit, dass ein Teil des Aufwandes über Beiträge refinanziert wird und ein Teil über die kalkulatorischen Kosten im Rahmen der Gebührenerhebung zu erwirtschaften ist. Dabei – dies will ich nicht in Frage stellen – ist darauf zu achten, dass in Summe die Beitragseinnahmen einerseits sowie der auf den Herstellungsaufwand bezogene Teil der Benutzungsgebühren andererseits nicht den Herstellungsaufwand insgesamt überschreiten dürfen.

Die Frage ist allerdings, ob diese Prüfung beliebig im Gebühren- oder Beitragsbereich ansetzen darf. Diese Auffassung entspricht dem Bild kommunizierender Röhren zwischen Beitrags- und Gebührenkalkulation. Der Fehler in einem Abgabenkreis infiziert auch den anderen Abgabenkreis. Dogmatisch festgemacht wird dies am Verbot der Doppelbelastung[23].

Mir erscheint diese Interpretation des Verbots der Doppelbelastung zweifelhaft. Meines Erachtens sprechen gewichtige Argumente dafür, dass die Beitragssatzung sowie der Beitragssatz nicht einer Prüfung gegen das Verbot der Doppelbelastung zugänglich sind; vielmehr handelt es sich insoweit um einen Fehler der Gebührenkalkulation, der auch nur dort zu sanktionieren ist. Ohne dies hier weiter vertiefen zu können – dies würde den Rahmen des Referates sprengen –

22 *Schmidt* in: Becker/Benedens/Deppe/Düwel/Kluge/Liedtke/Schmidt, KAG Brandenburg, Losebl. (Stand: Juni 2010), § 1 Rdnr. 16 f.

23 Vgl. hierzu ausführlich *Möller*, in: Driehaus, Kommunalabgabenrecht, Losebl. (Stand: September 2010), § 8 Rdnr. 1950 ff.

sei mir der Hinweis gestattet, dass die Verzahnung zwischen Beitrag und Gebühr allein in § 6 Abs. 2 S. 5 BbgKAG, also einer gebührenrechtlichen Vorschrift, ihren Niederschlag gefunden hat, was den Schluss nahe legen könnte, dass auch nur im Rahmen der Gebührenkalkulation eine entsprechende Prüfung ihren Platz hat. Daher könnte das oben bemühte Bild der kommunizierenden Röhren korrekturbedürftig sein. Ich würde eher davon sprechen, dass dem KAG eine »Rückstausicherung« im Beitragskanal zu entnehmen ist mit der Folge, dass in diesen Fällen kein Wahlrecht des Bürgers besteht, ob er den behaupteten Mangel der unzulässigen Doppelbelastung in einem Beitrags- oder einem Gebührenprozess erhebt. Vielmehr gehört diese Auseinandersetzung allein in den Gebührenprozess.

Ich ziele – um dies ausdrücklich zu betonen – nicht darauf ab, einen Verstoß gegen das Doppelbelastungsverbot unsanktioniert zu lassen. Vielmehr geht es mir um eine gegenständliche Begrenzung von Fehlerfolgen; es geht mir nicht darum, ob gerügt werden kann, sondern an welcher Stelle im abgabenrechtlichen Mischfinanzierungssystem.

Dieses Problem erwähne ich nicht ohne Bedacht. Die brandenburgischen Aufgabenträger im Trink- und Abwasserbereich rüsten sich für die von Gesetzes wegen gebotene beitragsrechtliche Heranziehung von sog. altangeschlossenen Grundstückseigentümern[24]. Ich wünsche weder den Kollegen aus der Justiz noch uns Anwälten, dass in jedem Beitragsprozess die Gebührenkalkulationen der vergangenen Jahre »mitgelesen« werden müssen.

2. Mein zweites Problemfeld wird nur über eine Änderung der Rechtsprechung oder eine Änderung des BbgKAG »beräumt« werden können. Der Gesetzgeber hat im Jahr 1999 eine Bestimmung in das BbgKAG eingeführt, nach der Kostenüberdeckungen spätestens im übernächsten Kalkulationszeitraum ausgeglichen werden müssen[25]. Eine sinnvolle Bestimmung.

Nach der Rechtsprechung des *OVG Berlin-Brandenburg* soll es für die Ausgleichspflicht nicht darauf ankommen, wie die Überdeckung entstanden ist, also ob sich prognostische Ausnahmen nicht erfüllt haben oder ob schlicht vorwerfbar falsch kalkuliert wurde. Die Rechtsprechung begrenzt auch die Ausgleichspflicht nicht zeitlich. Sicherlich ein sehr bürgerfreundlicher Mechanismus[26]. Aber in meinen Augen werden Gebührenprozesse letztlich unführbar, wenn es möglich ist, in die Prüfung eines Gebührenbescheides aus dem Jahr 2010 die Gebührenkalkulationen der letzten zehn Jahre hineinzuzwingen. Jedenfalls eine

24 Vgl. hierzu *OVG Berlin-Brandenburg*, Urt. v. 12.12.2007 – 9 B 44 u. 45/06, LKV 2008, 369 ff.

25 § 6 Abs. 3 S. 2 BbgKAG.

26 Vgl. hierzu *OVG Frankfurt (Oder)*, Urt. v. 10.4.2003 – 2 D 32/02.NE, LKV 2004, 180.

Begrenzung des Überdeckungsausgleiches auf ungewollte Kostenüberdeckungen erschiene mir Ausdruck einer weisen Gesetzgebung.

Auch insoweit geht es mir nicht darum, Fehler der abgabenerhebende Körperschaft unsanktioniert zu lassen; die Rüge einer fehlerhaften Kalkulationen sollte aber im Rahmen der Auseinandersetzung über den Bescheid, der auf sie gestützt wird, geführt werden und nicht Jahre später als Erblast vergangener Abrechnungszeiträume noch hervorgeholt werden können.

V. Schlussbemerkungen

Ich komme zum Schluss. Die Bilanz ist gemischt. Die Rechtsprechung trägt (auch) in Brandenburg in verschiedenen Bereichen – Ergebnisrechtsprechung/Grundsatz der regionalen Teilbarkeit – zur Vereinfachung von Prüfungsprozessen bei.

Gleichwohl: Wenn es notwendig ist, bei einer gewissenhaften Kommentierung einer einzigen Vorschrift des Kommunalabgabengesetzes für das Land Brandenburg mehrere hundert Seiten zu füllen, müssen wir uns immer wieder die Frage stellen, ob wir im Kommunalabgabenrecht nicht in der Gefahr stehen, gelegentlich zu sehr ein intellektuelles Glasperlenspiel zu betreiben. Dogmatisch hoch differenziert, intellektuell außerordentlich fordernd, aber eben vielleicht auch für die Bürger in der Regel undurchschaubar und für die Aufgabenträger in der Anwendung jedenfalls in Teilen nicht rechtssicher handhabbar.

Was bleibt? Sie kennen vielleicht die Zeilen von Bert Brecht aus »Der gute Mensch von Sezuan«:

> »Wir stehen selbst enttäuscht und seh'n betroffen den Vorhang zu und alle Fragen offen.«

Ich hoffe, dass dies Ihre Stimmung am Ende dieses Referates nicht vollständig trifft. Auch wenn es aus meiner Sicht wünschenswert wäre, das Abgabenrecht auch[27] mit Hilfe der Rechtsprechung in bestimmten Bereichen zu vereinfachen, sind – obwohl ich hier manche Probleme nur anreißen konnte – hoffentlich nicht alle Fragen offen geblieben. Die Rechtsprechung trägt in manchen Bereichen des Abgabenrechts zur Vereinfachung bei. Trotzdem bleiben verschiedene Problemfelder und Baustellen. Ich freue mich auf eine Diskussion hierzu.

27 Vorrangig wäre hier der Gesetzgeber gefordert.

C. Diskussion

Andreas Knuth, Moderation

Ich will, obwohl ich weiß, dass Unternehmungen, eine Diskussion zu strukturieren, meist nicht von Erfolg gekrönt sind, es trotzdem versuchen. Es wäre gut, sofern man eine gewisse Systematik erreichen will in unserer Diskussion, wenn man sich auf zwei Themenblöcke konzentrieren könnte, die zwar nicht völlig identisch sind mit den Referatsthemen, in etwa aber an diese Gliederung anknüpfen.

Herr *Hohndorf* hat vieles gesagt zu den Beschleunigungs- und Vereinfachungsmöglichkeiten im Bereich der Behörden. Das wäre sicherlich ein Aspekt, den man als einen Block diskutieren könnte. Meiner Einschätzung nach ist dieses Thema weniger kontrovers als das andere Thema, nämlich welche Beschleunigungsmöglichkeiten im Bereich der Rechtsprechung vorhanden sind. Wie weit werden sie genutzt und inwieweit sieht man diesbezüglich die Rechtsprechung der brandenburgischen Verwaltungsgerichte und des *OVG Berlin-Brandenburg* kritisch? Letzteres war das Thema von Herrn *Dr. Becker*.

Mein Anliegen wäre, dass wir die Themen trennen. Ich möchte auch im Interesse des Spannungsbogens zunächst das erste Thema aufrufen mit Blick in Richtung derjenigen, die in der Verwaltung tätig sind, aber sicherlich auch mit Blick auf richterliche Kollegen, die möglicherweise etwas ihrerseits dazu beizutragen haben, welche Beschleunigungsmöglichkeiten in diesem Bereich noch vorhanden sind. Anschließend soll dann der sicherlich zu spannenderen Diskussionen veranlassenden zweiten Teil der Frage, nämlich wie es mit den Beschleunigungsmöglichkeiten in der Rechtsprechung und den Beiträgen der Rechtsprechung dazu aussieht, diskutiert werden.

Dr. Manuel Kamp, Diskussion

Herr *Hohndorf*, Sie hatten uns ja einen bunten Blumenstrauß an Beschleunigungsmöglichkeiten vorgestellt. Ich möchte schon mal im Vorgriff auf das Thema am Nachmittag einen Pflock einschlagen und ankündigen, dass ich die Sache hinsichtlich des Anhörungsverfahrens anders sehe als Sie. Sie haben die Anhörung als Belastung des Abgabenerhebungsverfahrens gesehen. Ich sehe sie eher als Chance, das Verfahren zu optimieren. Deswegen würde ich pointiert sagen wollen: In Ihrem Blumenstrauß steckt mindestens eine Brennnessel. Aber dafür können wir uns ja gleich am Nachmittag noch weitere Zeit nehmen.

Darauf möchte ich gleich etwas antworten. Es ist alles auch eine Frage der Erfahrung. Von der Möglichkeit, vor Erlass von Bescheiden die Betroffenen anzuhören, machen, soweit wir das sehen, nur sehr wenige Gemeinden oder Zweckverbände Gebrauch. Der Anwendungsbereich ist von vorn herein schon eingeschränkt. In der Regel kommen nur Beiträge in Betracht, keine Gebühren. Die laufenden Gebühren, damit muss jeder rechnen, der Wasser verbraucht oder Abwasser entsorgt, müssen bezahlt werden. Eine Anhörung habe ich in diesem Bereich eigentlich noch nie erlebt.

Bei Beiträgen ist das etwas anderes. Hinsichtlich der Beiträge ist es eine spezifische brandenburgische Erfahrung, dass die Bürger nicht reagieren – aus gutem Grund, z.B. weil es darum geht, die Eigentumsverhältnisse darzulegen. Das hängt auch ein bisschen mit der Frage der Kostentragung zusammen. Solange in der Abgabenordnung eine Kostenerstattung wie bei § 80 VwVfG gerade nicht geregelt ist, bedeutet das: Ich sage erst einmal gar nichts. Ich ziehe das Widerspruchsverfahren durch und in die Klageschrift kommt nur ein Satz: »Die Klage ist begründet, denn die Behörde hat den falschen Eigentümer herangezogen.« Es wird auch nicht einmal gesagt, wer der Eigentümer ist. Eigentümer ist jedenfalls nicht derjenige, der als Adressat im Bescheid als Pflichtiger aufgeführt ist. Ein Satz. Die Behörde prüft, hebt den Bescheid auf und dazu kommt selbstverständlich der Antrag, die Hinzuziehung eines Bevollmächtigten für das Vorverfahren für notwendig zu erklären. Das ist die leidige Konsequenz, wenn § 80 VwVfG im Abgabenrecht nicht anwendbar ist. Dies passiert auch nicht selten.

Außerdem hatte ich ausdrücklich darauf abgestellt, dass die Betroffenen zu den entscheidungserheblichen Tatsachen Stellung nehmen sollen. Und wer liest den § 91 AO, dass das Tatsachen sind? Der Bürger sagt: »Augenblick mal, ich soll jetzt hier veranlagt werden?« Und dann geht gleich die rechtliche Argumentation los und der Bürger ist enttäuscht, wenn die Behörde im Rahmen des Anhörungsverfahrens darauf nicht eingeht. Wir haben also die Erfahrung gemacht, dass, wenn überhaupt Antworten kommen, da doch vielfach eine große Diskussion in Gang gesetzt wird, die im Grunde neben der Sache liegt. Die einzigen Tatsachen, die maßgeblich sind, kommen dann gar nicht erst zur Sprache, weil der Bürger auch manchmal gar nicht bemerkt, was aus Sicht der Behörde wichtig ist.

Aber ich habe eine kleine Brücke entdeckt zwischen dem ersten und dem zweiten Referat. Herr *Dr. Becker* hat ja sowohl bezüglich der Verwaltung als auch bezüglich der Justiz, was die Veranlagung von altangeschlossenen Grundstücke angeht, ein gewisses Szenario aufgezeigt und in diesem Zusammenhang ganz konkret erklärt, dass von bestimmten Interessenverbänden angeregt worden sei, insofern Musterverfahren durchzuführen, obwohl die eigentliche Problematik aus meiner Sicht durch die Urteile des *OVG Berlin-Brandenburg* vom

12.12.2007 entschieden ist, nämlich dass eine Veranlagung erfolgt – in derselben Beitragshöhe wie die neuangeschlossenen Grundstücke. Trotzdem will man, das ist mein Eindruck, die neue Welle durchaus noch einmal hochtreiben.

Da die Frage möglicherweise auch noch weiter unter verschiedenen Aspekten vom *OVG Berlin-Brandenburg* behandelt werden soll, tauchte die Frage auf, ob wir Musterverfahren vereinbaren sollten. Nicht im Sinne von § 93a VwGO, hatte ich gesagt, sondern aufgrund einer Vereinbarung. Hier stellt sich nun das Problem – und insofern ist durchaus einer Brücke gegeben –, was soll dort rein? Nur die Frage altangeschlossener Eigentümer? Aber dann würden alle Besonderheiten des Grundstückes, die tatsächliche Bebauung, die zulässige Bebauung, alles das würde dann unter den Tisch fallen oder anders ausgedrückt: Wenn ich jetzt die etwaige Musterverfahrensvereinbarung einschränke auf den rechtlichen Gesichtspunkt der Frage altangeschlossener Grundstückseigentümer, dann bleibt alles andere außen vor. Dann kommt genau die Situation, vor der ich gewarnt hatte: Sollten wir in diese Frage negativ zu Lasten der Eigentümer entscheiden, würden auf einmal in einer zweiten Welle die Besonderheiten des Grundstückes vorgetragen werden. Gesagt wird dann ja: Aber Augenblick mal, in der Höhe stimmt etwas nicht, in der Geschossigkeit stimmt etwas nicht, es ist zu tief veranlagt usw. Wenn alle Verfahren dann noch anhängig sind, kommt das, wovor ich gewarnt hatte: Auf Behördenseite müssten Sie dann die im Grunde abgeschlossenen Verfahren wieder aufgreifen und alles unter die Lupe nehmen und aus richterlicher Seite geschieht das gleiche.

Ich vergesse nie die Situation, vor die ein Richter dann gestellt ist: In einem Verfahren zum Straßenbaubeitragsrecht oder Erschließungsbeitragsrecht hatte ich ein Verfahren abgeschlossen und vergessen zu fragen, ob es noch weitere Klagen aus dem Abrechnungsgebiet gibt. Drei Anlieger, rechtliches und tatsächliches Vorbringen im Wesentlichen klar – drei Akten gingen in den Keller. Meine Freude, alles abgeschlossen und entschieden zu haben, währte nicht lange: Nach zwei Jahren kommt auf einmal ein Klageverfahren wieder, ich gucke mir die Abrechnungskarte an und denke: Komisch, die kommt dir doch bekannt vor. Hast du das nicht schon einmal gehabt? Tatsächlich, wir hatten schon einmal diese Klageverfahren und dann kamen nach Jahren noch einmal neue Gesichtspunkte. Wir mussten uns wieder einarbeiten. Wieder die Sache durcharbeiten und daher meine Frage: Wie können wir die Sachen vereinfachen? Oder eine andere Konstellation: Gleicher Sachverhalt, gleiche rechtliche Begründung, die Tatsachen liegen auf dem Tisch. Es wird entschieden und dann geht alles zum Oberverwaltungsgericht. Sollen die entscheiden, wie sie die Dinge sehen. Aber so hat man im Grunde einen gewissen territorialen Bereich erst einmal abgeschichtet und muss nicht immer wieder von vorn anfangen, zu arbeiten. Das ist einfach nur meine Erfahrung und meine ganz persönliche Meinung über die Vorgehensweise im Hinblick auf das, was auch Sie angekündigt haben.

Prof. Dr. Dr. h.c. Lothar Knopp, Diskussion

Herr *Dr. Kamp* sprach von der Brennnessel, die uns der Herr *Hohndorf* hier serviert habe, aber in diesem ganzen Blumenstrauß war zu Beginn natürlich auch eine Rose, wenn ich das mal so sagen darf. Die Rose ist allerdings mit Dornen behaftet. Er hat ja auch zu Recht darauf hingewiesen: Die beste Beschleunigung ist, wenn man gar keine Abgaben erheben müsste, was natürlich aus gesetzlichen Gründen und auch aus verfassungsrechtlichen Gründen leider nicht geht, aber das ist die Rose, die eben mit den Dornen bestückt ist.

Wir haben ja die zwei Komplexe, die auch Herr *Knuth* zu Recht angesprochen hat: Die Frage Beschleunigung auf Behördenebene und dann die Beschleunigung im Bereich des effektiven Rechtsschutzes eben auf der Ebene der Verwaltungsgerichte.

Bei der ersten Ebene, würde ich sagen, ist die Diskussion ja nicht nur in diesem Bereich seit langen Jahren virulent. Sie ist es auch in anderen Bereichen, nämlich überall dort, wo eben auch Behörden entsprechende gesetzliche Regelungen zu vollziehen haben. Man hat auch in anderen Bereichen immer wieder versucht, Beschleunigungseffekte zu gewinnen bzw. Behörden zu Beschleunigungsverfahren heranzuziehen, indem man gewisse Dinge vorgegeben hat, die vielleicht zur Vereinfachung der Sachverhalte und auch des Vorgehens beitragen würden. Aber hier dreht sich die Diskussion wirklich langjährigst im Kreise. Denn Beschleunigung auf Behördenebene erzielt man durch nichts anderes – und die Erfahrungen habe ich langjährig gemacht im Süden, im Osten, im Norden – als durch Anhebung der Qualität und Befähigung des jeweiligen Personals. Hier gibt es in der Tat viele Skurrilitäten, wenn ich an meine früheren Jahre zurückdenke, als ich eben gerade auch mit dem Erschließungsbeitragsrecht einiges zu tun hatte. Es kommt in der Tat auf die Qualität der Mitarbeiter der jeweiligen Behörde an. Es kommt darauf an, ob die Behörde gewissen Vorgängen auch zugänglich ist. Das sind also alles gar keine juristischen Aspekte, die hier eine ganz gravierende Rolle spielen, denn die gesetzlichen Regelungen sind ja weitgehend ausgeschöpft. Diese sehen ja gerade keine großartigen Beschleunigungseffekte mehr vor, sodass ich eben das Thema auch gerne auf Folgendes fokussieren würde: Qualität der jeweiligen Behörde, ausreichende Ausstattung und Besetzung der Behörde, das führt zur Beschleunigung auf Behördenebene. Ich sehe auch im Moment gar keine andere Möglichkeit, diesem Thema zu Leibe zu rücken.

Dr. Georg Wegge, Diskussion

Ich will kurz auf den Punkt des Musterverfahrens eingehen, da ja die ganze Thematik heute sehr stark von der Behördensicht geprägt ist, wie natürlich auch das Referat von Herrn *Dr. Becker*.

Ich frage mich, ob der einfachste Weg, um recht schnell Rechtsklarheit für ganze Satzungswerke herzustellen, nicht tatsächlich das Normkontrollverfahren ist. Also der eigentlich in der VwGO angelegte Weg, der allerdings in der Regel nur dem Bürger, ich glaube ausschließlich dem Bürger, offen steht. Dass eine Behörde selbst dieses Verfahren anstrengen könnte, ist mir nicht bekannt. Ich frage mich, ob das nicht eine viel einfachere Lösung ist, als diese komplizierte Vereinbarung, wie man in der Folge mit den übrigen Verfahren in erster Instanz umzugehen habe. Einfach gesagt: Wir gehen mit dem Hauptproblem, nämlich dem Satzungswerk, direkt zum OVG, freuen uns, wenn da eine klare Aussage kommt und bekommen diese vielleicht auch in rechtsverbindlicher Art und Weise, die es opportun erscheinen lässt, darüber in einer Kommentierung zu schreiben. Das Problem wäre gelöst. Ich meine, es ist ein sehr einfacher Weg, und ich würde mich sehr freuen, hierzu von den Kollegen etwas zu hören.

Dr. Klaus Herrmann, Diskussion

Zu den Ausführungen von Herrn *Hohndorf* zur Anhörung, wie sie bei Abgabenpflichten bei Beitragserhebungen im Straßenbereich vorgesehen ist, sei es Erschließung, sei es Ausbau, habe ich die Frage, ob sich Regelungen empfehlen, vor einer Baumaßnahme eine obligatorische Anliegerbeteiligung durchzuführen, um auf diese Weise einen Lernprozess anzustoßen, damit sich die Anlieger nicht nur auf die technischen Bauarbeiten einstellen, sondern auch auf die finanziellen Folgen einer solchen Planung. Ich meine, dass solche Regelungen, z.B. in der Straßenbaubeitragssatzung der Landeshauptstadt Potsdam, aber auch im Berliner Straßenbaubeitragsgesetz, die Abgabenerhebung vorhersehbar und kalkulierbar machen. Haben solche Instrumente auch einen Beschleunigungseffekt in dem Sinne, dass Bedenken der Bürger durch Einbeziehung, durch Beteiligung am Verfahren, überwunden oder zerstreut werden können?

Eine zweite Frage: Wenn wir die Effektivität der Anhörung vor Erlass der Bescheide der einzelnen Beitragspflichtigen im Hinblick auf die Verfahrensdurchführung betrachten, sind natürlich die Richtigkeit der Verfahren und die Richtigkeit der Entscheidung Gesichtspunkte. Wie sieht es aber in der Praxis mit der Mitwirkung am Verfahren aus – der brandenburgische Landesgesetzgeber hat sich ja nicht umsonst dafür entschieden, die Regelung der Abgabenordnung zur Mitwirkungspflicht des Abgabenpflichtigen in das Landesrecht einzubeziehen. Kann das verzögerte Vortragen von entscheidungsrelevanten Tatsachen im verwaltungsgerichtlichen Verfahren mit negativen Kostenfolgen sanktioniert werden, etwa indem man sagt: Wenn erst auf die Klage der Bescheid an den falschen Abgabenschuldner aufgehoben wird, und dies in der Anhörung oder im Widerspruchsverfahren nicht vorgetragen worden ist, kann dann nicht auch durch die Kostenbelastung das Verschweigen Folgen haben?

Ralf Leithoff, Diskussion

Ich denke und spreche vielleicht häufig in Bildern, und ein Bild geht mir nicht aus dem Kopf. Ich finde, Herr *Dr. Becker* ist gleichsam mit einem Luftballon hier hereingekommen, indem er auf den Fall mit dem zu niedrigen Gemeindeanteil hingewiesen hat. Der Bürger gewinnt mit einer Klage gegen einen Bescheid, der ihn eigentlich zu gut behandelt. Wer von Ihnen dieses Problem kennt und auch den Aufsatz von *Sendler*, der hat vielleicht geschmunzelt. Wer es nicht kennt, ist durch diesen Luftballon schwer beeindruckt und sagt: Das ist ja eine tolle Sache, die spinnen ja. Mich lässt das irgendwie die ganze Zeit nicht ruhen, was Sie da erzählt haben. Ich finde, da wird deutlich, dass wir jedenfalls zum Teil über falsche Fragen sprechen.

Wir haben uns vor einiger Zeit auch mit dieser Frage im Rahmen einer Tagung beschäftigt. Die Beitragsrechtler, die sich intensiver damit beschäftigt haben, fanden keine vernünftigere juristische Lösung für diese Fälle, in denen die Gemeindeanteile zu niedrig und die Anlieger bevorteilt sind. Dafür gibt es ja den Ermessensspielraum der Gemeinde, der für die Gerichte nur eingeschränkt überprüfbar ist. Wir reden hier aber nur über Fälle, in denen selbst dieser weite Spielraum überschritten ist. Wenn eine Gemeinde auf Einnahmen verzichtet, weil sie die Anlieger schonen will, dann haben wir in der Tat die Situation, dass man überlegen muss: Ist die Satzung in Ordnung oder nicht. Wie kann man das auffangen? Ein Weg ist, dass man sagt, die Bürger haben kein Rechtsschutzbedürfnis. Das ist schwierig, denn der Bescheid betrifft ihn, in der nächsten Runde ist er vielleicht gar nicht mehr der Eigentümer. Heikle Geschichte, das ist nur die äußerste Grenze.

Der zweite Punkt ist – das wäre ein juristischer Ansatz, mit dem man das lösen kann –, dass man nämlich sagt: Immer dort, wo es um Inzidentprüfungen geht, rücken wir ein Stück weit von der umfassenden gerichtlichen Kontrolle ab und gucken auch bei der Inzidentprüfung nur, ob gerade auch hier Rechte des Bürgers im Raum stehen. Wenn Sie in Kommentaren nachschauen, dort wird das thematisiert und dort wird es teilweise gleichgesetzt mit einer Aufgabe der Adressatentheorie. Das machen Verwaltungsgerichte ungern, denn die Adressatentheorie haben wir alle schon im dritten Semester gelernt. Wer traut sich da heran?

Der letzte Teil ist, auf den Weg zu kommen, den Herr *Dr. Becker* uns nahe gelegt hat und auch Herr *Sendler* in dem Aufsatz. Man sagt, diese Satzung habe gar keinen Fehler. Sie ist nur nicht vollständig. Sie ist vielleicht teilnichtig, das sieht man aber der Satzung nicht an. Das, was darin steht, darf man auf jeden Fall von den Anliegern als Straßenausbaubeitrag erheben und deswegen ist der Bescheid auch in Ordnung. Aber – und jetzt geht es weiter – wir sind ja auf einer Ebene, wo wir sagen, dass der Gemeindeanteil so niedrig ist, dass er willkürlich und deshalb nichtig ist. Da ist die Gemeinde nach objektivem Recht eben gehalten, noch einmal nachzulegen, d.h. eine ergänzende Satzung zu machen, noch einmal mittels Bescheid nachzuerheben. Anders geht es ja nicht. Nur so kommt sie an ihr Geld oder sie lässt es einfach ganz versacken und verzichtet insoweit auf die Abgaben. Das ist aber auch eine komplizierte Lösung.

Jetzt möchte ich diesen Luftballon von *Dr. Becker* zum Platzen bringen und sage: Es gibt eine viel einfachere Lösung. Die einfachere Lösung besteht nämlich darin, dass die Gemeinde gleich einen vernünftigen Gemeindeanteil festsetzt. Worauf ich hinaus will: Es gibt sicherlich viele Fälle, wo die Gerichte durch vielleicht auch überzogene Anforderungen die Sache erst kompliziert gemacht haben. Es gibt aber auch viele Fälle, wo es eigentlich nur dadurch kompliziert wird, dass Gerichte sich irgendwie bemühen, Fehler noch zu heilen, die auf Behördenebene sehr leicht zu vermeiden gewesen wären und daher ist es insofern die falsche Fragestellung. Dabei muss man einfach sehen, da hat Herr *Prof. Dr. Knopp* völlig Recht, dass für die Behörden, wenn sie richtig arbeiten, viele Dinge einfach werden. Und das muss man sich immer wieder vor Augen führen. Es wird außerordentlich schwierig, wenn man immer weiter versucht, das auf der Behördenseite falsch gemachte doch irgendwie zu halten. Dies betrifft das eine Extrem, dass Behörden sich darum herumdrücken, die Anlieger voll zu belasten. Das betrifft aber auch genauso das andere Extrem, da hat Herr *Hohndorf* für mich ein gutes Beispiel geliefert, wenn Behörden einen Folgebescheid erlassen, aber dies nur ins Kleingedruckte schreiben. Das ist kein vernünftiger Umgang mit den Bürgern, und es ließe sich vieles vermeiden, wenn man den vernünftigen Umgang mit den Bürgern pflegt.

Und was in Bezug auf die Kommunikation im Rahmen der Ausbaumaßnahme gesagt wurde – das ist alles wunderbar. Die Behörde muss dann aber auch ihren Bürgern gegenüber ehrlich sein. Ich habe jedenfalls manche Fälle gesehen, wo zunächst nur dargestellt wurde: Wir wollen an irgendeine Straße heran gehen. Das haben die Bürger mitgekriegt, die Gemeinde redete mit den Bürgern, aber das lief noch unter dem Motto »beschwichtigen«. Dann legt man erst einmal los, alles wird viel teurer, als die Gemeinde u.a. auch selbst gedacht hat, und dann redet man mit den Bürgern nicht mehr in vernünftigen Gesprächen, sondern nur noch mit Bescheiden, mit Wortungetümen, wie »Entstehung der sachlichen Beitragspflicht«, und wundert sich, warum es dann viele Prozesse gibt. Da kann man vieles besser machen und das muss man auch tun. Voraussetzung ist das, was Herr *Prof. Dr. Knopp* gesagt hat, dass die Leute gut qualifiziert sind und dass auch der Wille dafür da ist.

Kurt-Fritz Hohndorf, Diskussion

Zunächst, Herr *Dr. Herrmann*, würde ich einen Schritt zurückgehen wollen. Und zwar zur Ausbaumaßnahme. Es würde sich sicherlich bewähren, wenn neben dem Planer sofort ein Beitragsrechtler sitzt, der sagt: Planen ist das eine. Aber lege uns keine Eier ins Nest, die wir hinterher nicht ausbrüten können. Ganz einfaches Beispiel: Der Planer hat fantastische Vorstellungen. Machen wir da noch zusätzlich etwas hin und da noch das Grün und dann noch ein kleiner Wurmfortsatz irgendwo in die Ecke und hinten kommt noch der kleine Fußweg, der verbindet das dann – städtebaulich ganz großartig. Der ist begeistert und die Bürger sagen: Toll! Nach dem Motto, Hauptverkehr irgendwo auf eine große, ferne Hauptverkehrsstraße und wir haben unsere Ruhe. Aber mit der Ruhe der Anlieger ist es schnell vorbei, wenn der Beitragsrechtlicher den Aufwand kalkuliert und nur den geringen Gemeindeanteil für Anliegerstraßen abzieht.

Ein anderes Beispiel: Stadt in Brandenburg, runde Zwischenplätze geplant und gemacht. Die Bürger waren begeistert. Jetzt kommt die Gebührenerhebung für die Straßenreinigung. Wissen Sie, was das bedeutet, in der Rundung die Frontlängen auszurechnen? Die Frontmeter wurden aufgelöst in hundert Einzelpunkte, um eine Frontlänge hinzukriegen. Der Bürger ist hinterher angekommen und hat gesagt: Augenblick mal, wo kommen denn die 100 Meter her? Ja, ganz einfach, wir haben die der Rundung zugewandte Grundstücksseite genommen mit dem kleinen Stichweg nach hinten. Beides reproduziert auf die 150 Meter entfernte Hauptstraße. Da fragt der Anlieger: Und wie bitte ist das alles gekommen? Das ist Abs. 3 der Satzung. – Verstehen Sie? Wenn ab und zu der Planer mal ein bisschen gebremst wird, dass man also sagt: Wunderbar, ganz großartig, nur berücksichtigen Sie bitte, dass ich eines Tages alles mal abrechnen soll. Wie auch immer unser Straßenreinigungsgebührenrecht mit dem üblichen Frontmetermaßstab war – jetzt ist es für mich einfach nur das Beispiel. Dann wird dieser vielleicht ein bisschen gebremst.

Zweite Sache: Anliegerversammlung. Erstens: Ehrlichkeit finde ich gut, Herr *Leithoff*. Die Gemeinde oder der Ausbauträger soll darauf hinweisen, liebe Leute, das bekommt ihr nicht umsonst oder kostenlos, ihr müsst etwas dafür bezahlen. Dann kommt natürlich die Frage: Wieviel? Jetzt kommt das Dilemma, das ich erlebt habe bei derartigen Versammlungen. Der Bürger möchte jetzt natürlich irgendwie wissen, was los ist, damit er sich und sein finanzielles Verhalten einstellen kann. Die Behörde muss im Grunde genommen schon darauf hinweisen, wenn es kompliziert wird. Wir haben vor, dieses und jenes nach Straßenbaubeitragsrecht zu verwirklichen. Wir gehen dabei von der jetzigen Satzung aus, wir gehen von einem Bebauungsplan aus. So viele Unwägbarkeiten – da ist sie in aller Regel gut beraten, zu sagen: Das können wir noch nicht genau beziffern. Wenn sie aber sagt, wir können den Beitrag noch nicht genau beziffern, ist der Bürger frustriert, er will eine Zahl haben.

Geht man hingegen hin und sagt, die Ausbaukosten sind so und so hoch auf Grundlage dieser und jener Planung, weiß man nicht, ob die Planung verwirklicht wird, weil möglicherweise die Anlieger – ich verweise auf eine große deutsche Stadt mit 21 dahinter – die Planung irgendwie ins Wanken bringen oder eine veränderte Planung hinterher im Ergebnis heraus kommt. Wenn konkrete Zahlen genannt werden, wird die Behörde daran festgehalten, denn der Bürger sitzt da wie manche von Ihnen auch, schreibt garantiert mit. Und wenn der Bauamtsleiter gewechselt hat, der Planer sowieso schon in einem anderen Bundesland ist, der Veranlager fünf Mal gewechselt hat und die Fortbildungsveranstaltung nicht ganz so erfolgreich abgelaufen ist, dann kommt der Bürger mit seinem Zettel und sagt: Damals vor fünf Jahren haben Sie von 4.800 EUR gesprochen und das habe ich mir aufgeschrieben. Hier ist mein Zettel. Dann müssen wir ankommen und sagen: Es war keine Zusicherung, haben Sie denn damals nicht gehört, wie ich gesagt habe, die Zahl ist voraussichtlich und steht unter dem Vorbehalt der aktuellen Rechtslage? Damals konnten wir doch noch nicht ahnen, dass das OVG auf einmal eine ganz andere Rechtsprechung hat usw. Verstehen Sie, das ist einfach das Dilemma, vor dem alle Betroffenen stehen. Ich unterstelle auf allen Seiten guten Willen, aber die Schwierigkeit ist: Wie soll man sich verhalten? Eine ideale Lösung gibt nicht. Beteiligung gut, auch an der Planung leistungsgebundener Einrichtungen. Wir erleben es immer wieder. Warum werden großartige Überlandleitungen gelegt? Aber bitte, das sagen wir heute. Vor 20 Jahren war es das Nonplusultra, jede kleine Gemeinde oder jeden kleinen Ortsteil zentral anzubinden.

Anderes Beispiel: Die lobbystarken Kleingärtner in Brandenburg. Warum legt man erst Kanalleitungen vor die Grundstücke, um hinterher zu sagen: Ach du meine Güte, wie sollen wir die denn veranlagen? Mit welcher Geschossigkeit ist es Dauerwohnen, ist es nicht Dauerwohnen? Verstehen Sie? Dann müsste man konsequent sein und sagen: Das bauen wir gar nicht erst aus, das bleibt bei dezentraler Entsorgung. Dann hat man eine klare Aussage, einen klaren Schnitt und schafft sich nicht durch inkonsequente Planungen spätere Probleme. Dann wird hinterher der Veranlager – wollen wir uns nichts vormachen, hier muss ich auch einmal eine Lanze brechen für die Behörden – im Stich gelassen, und soll sehen, wie er die Folgen einer nicht zu Ende gedachten Planung, so möchte ich das mal nennen, irgendwie wieder geldmäßig in Ordnung bringt.

Dr. Ulrich Becker, Diskussion

Ich wollte ganz kurz etwas zu dem Vorschlag von Herrn *Dr. Wegge* sagen, den ich gut finde. Ich halte, ehrlich gesagt, auch diese Vorschrift, die Abgabensatzungen der Normkontrolle zugänglich macht, für eine der wichtigsten Vorschriften, die wir in Brandenburg haben. Diese gibt es Nordrhein-Westfalen z.B. nicht. Dort gibt es nur die Normkontrolle von Bebauungsplänen und ein Gutteil der Rechtsprechung, die wir materiell haben, besteht im Grunde aus Früchten von Normkontrollentscheidungen. Das Problem dabei ist allerdings, dass man bei der Normkontrollentscheidung vor allem liest, wie man es falsch gemacht hat. Es gibt auch Fälle, wo es mal steht, wie es akzeptiert wird. Aber das ist eine negative Bestätigung der Regel. Aber ich gebe Ihnen Recht, es gibt auch Aufgabenträger, die das überlegen und die das dann auch können. Es findet sich dann schon jemand im Verbandsgebiet, der gegen die Satzungen auf Kosten des Verbandes einen Normkontrollantrag stellt.

Eine Sache, die mir in Brandenburg fehlt, und ich weiß nicht, wie die Erfahrungen in anderen Bundesländern, z.B. Sachsen-Anhalt, sind – und wovon ich mir eigentlich etwas versprochen hätte, ist eine Kultur der Mustersatzungen, die vom Ministerium betreut wird, wo Sachverstand gebündelt wird, sei es über das Innenministerium, sei es über einen Städte- und Gemeindebund. Es gibt unterschiedliche Regelungen in unterschiedlichen Bundesländern, so dass man sagt: Es gibt Mustersatzungen, wenn ich von diesen abweichen will, dann muss ich mir eben eine Genehmigung holen.

Ich meine, das ist ja ebenso niederschmetternd wie unglaublich erfrischend, wenn sie in die Satzungen in Brandenburg mal hineinschauen. Ich hatte jetzt wieder eine auf dem Tisch. Da stand die mir vollkommen neue Abgabe der »Beitragsgebühr« drin. Und zwar stand dort »2010«. Sie haben keine Vorstellung, was Sie dort finden, und ich würde auch sagen, je weiter Sie von Berlin wegkommen, umso literarisch wertvoller werden die Satzungen. Deshalb finde ich Normkontrollen einen guten Ansatz, er führt auch und hat in der Vergangenheit auch wirklich zur Klärung wichtiger Rechtsfragen geführt. Das finde ich eine gute Idee. Auf die Sachen von Herrn *Leithoff* würde ich mich vielleicht gerade besinnen, wir sind noch beim ersten Teil. Dazu würde ich etwas sagen, aber das will ich mir noch aufheben.

Andreas Knuth, Moderation

Das wäre auch eine Gelegenheit, den Blick von den bisher im Vordergrund stehenden Behörden und Verwaltungsbediensteten bzw. den dortigen Vereinfachungs- und Beschleunigungsmöglichkeiten auf die Gerichtsseite zu lenken.

Herr *Leithoff* hat ja ein Thema aufgegriffen, das von Ihnen, Herr *Dr. Becker*, sehr kritisch angemerkt worden war. Das hat letztlich auch deutlich gemacht, dass, wenn es die Lösung durch die Gemeinde im Wege eines auch hinsichtlich der Anlieger- und Gemeindeanteile rechtmäßigen Satzungsrechts nicht von vornherein gibt, die Frage, wie man dann verwaltungsgerichtlich zu urteilen hat, durchaus nicht einfach zu behandeln ist. Die Idee von Herrn *Schmidt* halte ich für einen eher zweifelhaften Ansatz. Aber das ist ja letztlich nur ein Aspekt gewesen, also ein kleines Thema in der Rechtsprechung, das kontrovers diskutiert wird.

Es gibt an anderer Stelle deutlicher artikulierte Kritik an der Rechtsprechung, sowohl aus Sicht der anwaltlichen Vertreter von Anliegern, also von Gebühren- und Beitragsschuldnern, als auch aus Sicht der Gemeinden, der Verbände, der öffentlichen Träger. Eine Diskussion wie die heutige soll Gelegenheit bieten, diese Kritik zu artikulieren, weil aus allen beteiligten Bereichen sehr viele fachkompetente Kolleginnen und Kollegen hier anwesend sind, sowohl aus der Gerichtsbarkeit als auch aus der Anwaltschaft und von den Behörden. Deshalb »Feuer frei« für diejenigen, die zu diesem zweiten Thema, was an der Rechtsprechung in Brandenburg zu kritisieren, vielleicht aber auch zu loben ist, beitragen möchten. Also nur Mut, Sie können hier alles einbringen und anknüpfen an die Ausführungen von Herrn *Dr. Becker*, aber sicherlich auch eigene Aspekte und Kritikpunkte nennen und damit die Diskussion weiter befruchten.

Marc Lechtleitner, Diskussion

Auch eine Verknüpfung zu dem ersten und zweiten Block. Herr *Hohndorf* hat es ja vorhin pointiert gesagt – das einfachste ist, überhaupt keine Abgaben zu erheben. Es gibt aber auch in vielen Bereichen die Möglichkeit – und gerade die besonders streitanfälligen Bereiche Wasser und Abwasser sind hier zu nennen , wo man öffentlich-rechtliche Abgaben oder privatrechtliche Entgelte erheben kann und sich damit auch die Rechtsprechung bzw. den Gerichtszweig aussucht. Wenn man Aufgabenträger fragt, nach welchen Kriterien sie das aussuchen, sagen diese oft: Eigentlich gibt es nur Vorteile, wenn ich privatrechtliche Entgelte erhebe. Das Verfahrensrecht ist leichter, die materiellen Anforderungen sind geringer, die Richter schauen ein bisschen oberflächlicher darüber und außerdem bekomme ich die Entscheidungen schneller. Deswegen meine Frage vor allen Dingen auch an die Rechtsanwälte: Wenn Sie solche Mandanten haben und diese überlegen, was für Regime sie sich aussuchen, was gibt es denn eigentlich für Argumente für das öffentliche Recht? Ich denke mal, die meisten von uns sind öffentlich-rechtlich sozialisiert. Es muss doch auch Argumente geben, warum man öffentlich-rechtliche Abgaben erheben kann.

Dr. Ulrich Becker, Diskussion

Es gibt in der Tat öffentlich-rechtliche Argumente, wobei ich jetzt nicht sagen würde, dass eine Variante besser ist als die andere. Also vielleicht ein Gesichtspunkt, Herr *Lechtleitner*: Es gibt wohl ein steuerrechtliches Problem, wenn ich das Ganze privat-rechtlich mache, da bin ich aber nicht kompetent genug. Es könnte sein, dass die privat-rechtliche Ausgestaltung über eine Umsatzsteuerplicht die Leistung möglicherweise verteuert.

Es gibt natürlich den unbestreitbaren Vorzug des öffentlichen Rechts, dass wir die Bestandskraft der Abgabenbescheide haben, d.h. einen Monat nach Bekanntgabe ist dann eben, wenn sich der Bürger nicht regt, die Forderung auch sicher. Es gibt im Bereich Trinkwasser/Abwasser im Moment intensive Bemühungen der Kartellbehörden, die Kalkulation mittels einer preisprüfungsrechtliche Kontrolle über eine ganz andere Schiene überprüfen zu lassen. Da schützt im Moment noch das öffentlich-rechtliche Regime, weil ebenfalls nach bisheriger Dogmatik die öffentlich-rechtlichen Versorgungs- und Entsorgungsverhältnisse einem Zugriff der Kartellbehörden nicht geöffnet sind.

Das ist das, was mir einfällt, und dann muss man natürlich sehen: Wenn privat-rechtlich ausgestaltet, bin ich von den verfassungsrechtlichen Anforderungen an die Gestaltung von Gebühren nicht frei gezeichnet. Beispielsweise bei der Frage der alterschlossenen Grundstücke glaube ich nicht, dass mich der Wechsel in eine privat-rechtliche Gestaltung davon enthebt, auch die alten Grundstückseigentümer in irgendeiner Form für die Zukunft stärker an der Refinanzierung der Maßnahme zu beteiligen. Ohne die Lanze für das öffentliche Recht oder für das Verwaltungsrecht brechen zu wollen, sehe ich nicht die eindeutigen Vorteile der zivilrechtlichen Ausgestaltung.

Kurt-Fritz Hohndorf, Diskussion

Ein Gesichtspunkt ist die Veranlagung unbebauter Grundstücke auf der Grundlage des Beitragsrechts. Im Zivilrecht haben Sie allenfalls den Baukostenzuschuss. Das bedeutet auch, dass nur 70% der Investition refinanziert werden können, was eine spürbare Lücke hinterlässt, je nachdem wie stark finanziell der Verband abgefedert ist. Ich meine, das ist auch die Frage, die angeschnitten worden ist von Herrn *Dr. Becker*, die sog. Mischfinanzierung über Beiträge und Gebühren. Ich glaube – wer ist aus Eberswalde da? –, die haben es ja jetzt geschafft, die Beiträge zurückzuerstatten und nur noch über Gebühren zu finanzieren. Das hat natürlich den großen Vorteil, dass, wer etwas verbraucht, in der Regel eher geneigt ist, zu zahlen als einer, der für mehr oder weniger nichts, nur diese berühmte Wertsteigerung des Grundstückes, einen Beitrag zu bezahlen hat. Aber die meisten, die doch tatsächlich im Wesentlichen Beiträge erhoben haben, dürften allein aus finanziellen Erwägungen kaum in der Lage sein, dass irgendwie zurückzuerstatten oder – bei dem ganzen Tohuwabohu alterschlossene/neuerschlossene – noch zusätzliche Kalkulationen mit doppelten Gebührensätzen zu erstellen.

Zur Äußerung, dass der Amtsrichter nicht so tief einsteigt in der Gebührenkalkulation: Ich könnte mir vorstellen, dass es nur noch eine Frage der Zeit ist, bis auch dort die Maßstäbe angezogen werden. Ob man so scharf guckt, insbesondere was die Veröffentlichung angeht usw., da will ich durchaus Konzessionen machen. Aber im materiellen Teil, so könnte ich mir vorstellen, muss man damit rechnen, dass auch in den Rechtsmittelinstanzen, Oberlandesgericht oder *BGH*, die Entgeltbestimmungen auch genauer angesehen werden.

Prof. Dr. Dr. h.c. Lothar Knopp, Diskussion

Ich betrachte die zuletzt geführte Diskussion mit großem Interesse aus folgendem Grund: Aus Sicht des Verfassungsrechtlers, der ich ja auch bin, stellt sich diese Frage im Moment noch gar nicht. Denn das ganze Abgabenrecht, wie wir es hier behandeln, also auch der Bereich der Kommunalabgaben, ist primär verfassungsrechtlich vorgegebener Teil des öffentlichen Rechts. Das ist im Verfassungsrecht verankert. In Art. 28 Abs. 2 GG haben wir die Satzungshoheit der Kommunen, und zu diesem Bereich gehört eben gerade auch die Abgabenerhebungshoheit, natürlich auch das Abgabenfindungsrecht. Aus rein verfassungsrechtlicher Sicht stellt sich somit die Frage nicht, wo es denn hingehen könnte und in welchen Bereichen es überhaupt möglich ist, dies so zu tun. Aber wenn ich mal den Hinweis geben darf: Das Verfassungsrecht dominiert das Öffentliche Recht. Diese Fragen stellen sich gar nicht.

Harriet Bluhm, Diskussion

Ich bin Rechtsanwältin und Fachanwältin für Verwaltungsrecht und obwohl unser Büro in Bremen ist, vertreten wir sehr viele kommunale Mandanten in Sachsen-Anhalt und in Brandenburg. Ich kann deswegen ein kleines bisschen die Gerichtszweige in den beiden Bundesländern vergleichen und ich kann einfach aus meiner Erfahrung sagen, dass es nirgends so lange Verfahren, wie wir sie hier in Brandenburg und vor allen Dingen bei dem *VG Potsdam* haben – ich habe gestern extra noch einmal nachgeguckt, immer noch Verfahren mit den Aktenzeichen aus 2005, 2006 –, gibt. Dass wir das aus Sachsen-Anhalt nicht kennen und dass ich das auch aus meiner inzwischen 14-jährigen Erfahrung mit den VGs in Magdeburg und Halle so nicht kenne. Hierzu muss ich einfach sagen, die brandenburgische Verwaltungsgerichtsbarkeit hat sich ihre Kläger auch ein wenig selber angefüttert. Ich habe jetzt lange überlegt, ob ich mich hier überhaupt melden soll, weil das natürlich schon eine Kritik ist, die man mit einzelnen Entscheidungen unterfüttern müsste. Und es hat auch hier lange Zeiten gegeben, wo man wirklich sagen konnte: Einen Abgabenbescheid? Wenn Sie jetzt das Geld nicht haben, dann klagen Sie doch einfach.

Ein Abgabenbescheid in Brandenburg ist in der Regel rechtswidrig, weil die Gemeinden und Zweckverbände es einfach nicht hinkriegen, wirksame Satzungen zu machen. Und warum kriegen sie es nicht hin? Weil die Gerichte kleinste Formulierungsunterschiede auseinanderzerren. Weil es Anfang der 2000er Jahre ein unheimlich großes Problem gab, Satzungen wirksam bekannt zu machen. Ich erinnere an so originelle Sachen, wie das, was auf der ersten Seite eines amtlichen Bekanntmachungsblattes abgebildet sein darf, ob es nur ein Foto sein darf oder auch ein wenig Text oder ob es heißt: »Amtsblatt des Landkreises« oder »Amtsblatt für den Landkreis«, wo wir jahrelang nicht in der Lage waren, wirksame Satzungen für die kommunalen Zweckverbände und Gemeinden zu schaffen. Wo man sich quasi – ja, ich selbst auch – auf vielen Zweckverbandsversammlungen hinstellen und sagen musste: Es tut mir leid, meine Damen und Herren. Ja, wir sind Juristen, wir haben uns bemüht, aber leider hat uns die Rechtsprechung wieder einmal überholt, und leider ist auch diese Satzung inzwischen wieder unwirksam. Sie hat nicht die Gnade vor den Augen des Gerichts gefunden.

Ich habe gerade jetzt vor zwei Wochen mit der Vorsitzenden der 4. Kammer des *VG Halle* gesprochen. Nach Abschluss eines Verfahrens hat sie mir gesagt: Abgabenrechtliche Verfahren – das hätte sie ja jetzt 15 Jahre gemacht. Sie hätte jetzt das Immissionsschutzrecht, das Gewerberecht und das Handwerksrecht dazu bekommen, weil sie inzwischen nur noch zwischen 300 und 400 neue Aktenzeichen im Jahr hätte. Abgabenrecht sei ein völliges Auslaufmodell. Da werde auch der sog. Herstellungsbeitrag 2 erhoben, also das, was bei uns hier in Brandenburg jeder Altanschließerbeitrag wäre, und man muss einfach sagen, dass die Rechtsprechung in Sachsen-Anhalt einfach ein bisschen gelassener, ein bisschen weniger erbsenzählerisch herangegangen ist und dass wir dort einfach insgesamt eine wesentlich ruhigere Situation haben. Ich habe einfach feststellen müssen, dass die Bürger in Sachsen-Anhalt gemerkt haben: Selbst wenn da mal ein Fehler drin ist, musst du zahlen, und dass dort die Verfahren einfach wesentlich schneller abgeschlossen sind. Also das *VG Magdeburg* hat inzwischen eine Bearbeitungszeit von 1½ bis 2 Jahren. Einer der Kollegen vom *VG Magdeburg* hat mir erzählt, dass, wenn er ein Eilverfahren nicht innerhalb von sechs Monaten beendet hat, er eine Erklärung an den Gerichtspräsidenten schreiben muss, warum er es nicht geschafft hat, dieses Verfahren in einem halben Jahr abzuschließen.

Ja, das sind Sachen, die ich mir gemerkt habe, weil ich natürlich auch schon lange darüber nachdenke, warum ich so viele Verfahren in Potsdam habe, auch teilweise bei den anderen brandenburgischen Gerichten, die teilweise fünf, sechs, sieben Jahre dauern und woran das liegt. Das will ich hier jetzt erst einmal abschließen.

Ich will ganz kurz noch etwas zur Frage öffentliches Recht/privates Recht sagen. Sie haben gesagt, es ist eine Frage des Verfassungsrechts. Ich kenne jede Menge Zweckverbände in Niedersachsen, in Sachsen-Anhalt, in Mecklenburg-Vorpommern, die privatrechtliche Entgelte erheben. Zum Anfang immer in dieser Hoffnung: Oh ja, dann sind wir endlich die furchtbaren Verwaltungsgerichte mit ihrer Fehlersuche los. Das hat aber immer auch eine negative, zweite Seite. Sie verlieren im Beitragsbereich die öffentliche Last, die man nur dann geringschätzen kann, wenn man sie sowieso nicht ausnutzt, was leider auch viele Städte und Gemeinden machen. Sie haben bei Baukostenzuschüssen niemals eine öffentliche Last, aus der Sie vollstrecken können. Es gibt auch durchaus Amts- und Landgerichte, die sich Kalkulationen angucken. Denken Sie an die Klagen gegen Gaspreise, das sind ja auch alles zivilrechtliche Klagen gewesen. § 315 BGB – Billigkeitsgrundsatz. Ich weiß nicht, vielleicht hat sich die Nummer inzwischen geändert. Da gibt es durchaus auch Gerichte, die solche Sachen angucken und die sogar unter Umständen Maßstabsregelungen kritisieren. Also die Grundgebühren nach Wohneinheitenmaßstab hat zuerst in meiner Praxis das *AG Stendal* und hinterher das *LG Stendal* bei privatrechtlichen Entgelten für unzulässig gehalten, bis das *OLG Naumburg* dies dann wieder aufgehoben hat.

Es gibt in meiner Praxis jede Menge Verbände, die privatrechtliche Entgelte erheben und dabei die Vorteile aufgrund der Bestandskraft, aufgrund der besseren Vollstreckungsmöglichkeiten aus öffentlich-rechtlichen Bescheiden und auch, was Herr *Hohndorf* schon angesprochen hatte, aufgrund der Beitragserhebungen für noch nicht bebaute Grundstücke, was bei Baukostenzuschüssen überhaupt nicht geht, leider aus den Augen verlieren. Also ich würde jedem Mandanten, der mich fragt, immer zum öffentlichen Recht raten.

Ralf Leithoff, Diskussion

Ich finde, Frau *Bluhm*, Sie haben völlig Recht: Gerichte sind manchmal nicht gelassen genug. Aber ich glaube, das ist nicht alles. Da Sie diese Bekanntmachungsgeschichten angesprochen haben – ich finde, das ist ein gutes Beispiel dafür, warum das so ist. Die verfassungsrechtlichen Anforderungen an die Bekanntmachung von Rechtsvorschriften sind nicht besonders hoch, und es gibt, das finde ich nett zu lesen, irgendeine Entscheidung des *BVerwG* – ich weiß nicht, zu welchem Thema –, die mehr oder weniger damit beginnt, die Bekanntmachung der Satzung im »Biederitzer Buschfunk« sei bundesrechtlich nicht zu beanstanden. Man kann ein Bekanntmachungsblatt »Biederitzer Buschfunk« nennen und das ist verfassungsrechtlich in Ordnung. Die Leute, die in Biederitz sitzen, wissen halt: Unsere Satzungen finden wir im »Biederitzer Buschfunk«. Das geht, das kann man machen.

Was passiert denn dann im Land Brandenburg? Im Land Brandenburg sagt der Gesetzgeber: Wir ermächtigen das Innenministerium, eine Verordnung zu dem Thema Bekanntmachungen zu erlassen. Das Innenministerium sagt, wir könnten eine Verwaltungsvorschrift machen. Wir könnten eine Handreichung machen, wie man Sachen bekannt zu machen hat. Aber irgendwann am Ende war jemand der Auffassung, das reicht nicht, um die brandenburgischen Gemeinden zu vernünftigen Bekanntmachungen zu bringen. Also wurde eine Bekanntmachungsverordnung erlassen. Das ist eine Verordnung, die für die Gerichte genauso verbindlich ist wie alles andere, das geltendes Recht ist. Da kann kein Gericht sagen: Das interessiert uns nicht, was da steht. Diese Verordnung hat sich dann nicht auf rudimentäre Regelungen beschränkt, sondern sie hat sich zum Teil in wörtlichen Vorgaben ergangen. Da stand dann eben drin: »Das Amtsblatt einer Gemeinde muss heißen: ‚Amtsblatt für die Gemeinde' «. Es gab dann Gerichte im Land Brandenburg, die es beanstandet haben, wenn dann stattdessen stand: »Amtsblatt der Gemeinde«. Ich glaube, das ist kein relevanter Fehler. Das kann man so sehen. Aber auch hier würde ich wieder das sagen, was ich schon zum Luftballon von Herrn *Dr. Becker* gesagt habe: Man muss das nicht zwingend als Fehler sehen und darüber kann man sicherlich sprechen. Das OVG hat das ja auch nicht als Fehler gesehen. Aber es wäre eben auch nicht schwierig gewesen, es richtig zu machen und da kommen einfach verschiedene Dinge zusammen.

Wir haben zu viele Regelungen, zu genaue Regelungen. Diese sind eigentlich als narrensichere Anleitungen formuliert, trotzdem hat man sich nicht daran gehalten. Auf der anderen Seite gab es dann Gerichte, die ganz genau hingeschaut haben. Das alles zusammen führt zu den Problemen. Manchmal fragt man sich auch: Warum kann die Behörde das denn nicht einfach mal richtig machen? Man muss es ja nur lesen, gerade solche Geschichten. Die Entscheidungen werden auch manchmal wirklich erst dadurch kompliziert, dass man in langen Ausführungen schreibt, warum das doch geht, anstatt man einfach darauf verzichtet hätte, irgend etwas zu regeln und dann würde es nicht nur »Biederitzer Buschfunk« heißen, sondern auch »Märkischer Buschfunk« und alles wäre in Ordnung.

In Brandenburg sind ganz viele verschiedene Dinge zusammengekommen. Das darf man nicht vergessen. Das ist ein bisschen so – und jetzt komme ich wieder mit meinen komischen Bildern –, wie wenn Sie Ihre Besteckschublade einteilen. Je mehr Fächer Sie haben, für Kuchengabeln, kleine Gabeln, große Gabeln, Löffel, Messer, sonstiges, desto größer wird auch die Gefahr, dass Sie ein Teil in das falsche Fach werfen. Das ist so, also braucht man als erstes eine Deregulierung. Das wäre der erste Ansatz.

Ich setze jetzt für einen Moment den Moderatorenhut ab und mache zu zwei Punkten selbst eine Diskussionsbemerkung. Das ist zunächst die eben angesprochene Frage der Formalien. Ich glaube, das ist ein Thema der Vergangenheit, was die brandenburgische Kommunalrechtsprechung angeht. Es geht nicht mehr um Deckblätter von Amtsblättern und um die Frage, ob ein Impressum richtig formuliert ist. Solche Themen haben in der Vergangenheit in der Rechtsprechung eine Rolle gespielt. Das ist letztlich »abgegessen«. Die Gemeinden und Verbände haben etwaige Fehler, die dort vorhanden waren, geheilt. Nicht zuletzt sieht der Gesetzgeber in § 3 Abs. 4 BbgKVerf die Unbeachtlichkeit formeller Satzungsfehler vor, der auch rückwirkend anwendbar ist auf Altsatzungen und dadurch möglicherweise an manchen Stellen zusätzliche Probleme schafft, die es vorher nicht gegeben hätte, wenn schon etwas geheilt war.

Aber jedenfalls ist es so, dass der Gesetzgeber insofern die von Herrn *Leithoff* angesprochene Deregulierung bereits selbst vorgenommen hat. Bestimmte Mängel, die in der Vergangenheit noch beachtlich waren, sind es jetzt nicht mehr und mit Bekanntmachungsfehlern erreicht man jetzt nicht mehr den Erfolg einer Klage. Das hat sich herumgesprochen und die Klagelust ist nach dem Eindruck, den man bei Gericht hat, etwas gedämpft.

Was den von Frau *Bluhm* angesprochenen zweiten Aspekt angeht: Das ist ein sehr ernstes Problem der Verwaltungsgerichtsbarkeit in Brandenburg, der Präsident des Oberverwaltungsgerichts hat es vorhin bereits kurz angesprochen. Es sind die Verfahrenslaufzeiten der Verwaltungsgerichtsbarkeit in Brandenburg. Ich kann an dieser Stelle nur sagen, dass das Problem nicht nur erkannt ist, sondern dass die Gerichte mit Unterstützung des Ministeriums der Justiz sehr massiv daran arbeiten, die Verfahrenslaufzeiten zu verkürzen. Die personellen Probleme, die wohl mit dafür maßgeblich waren, dass diese Verfahrenssituation eingetreten ist, werden dadurch abgemildert, dass das Ministerium der Justiz demnächst – zum Teil sind Richter jetzt schon eingesetzt, andere werden im November kommen – den Verwaltungsgerichten zeitweilig 15 junge Richter aus anderen Gerichtszweigen zuweist, die mit dazu beitragen sollen, die Bestände abzubauen. Um der Problematik Herr zu werden, werden Altverfahrenskammern geschaffen und Kammervorsitze wiederbesetzt, die sonst nicht erneut besetzt worden wären. Es sind also eine ganze Reihe von Maßnahmen ergriffen worden, um eine deutliche Verkürzung der Verfahrenslaufzeiten der brandenburgischen Verwaltungsrichter zu erreichen. Es ist auch so, dass die Gerichte selbst jeweils mit sehr konkreten Vorstellungen versuchen, das Ziel besserer Verfahrenslaufzeiten zu erreichen. Ich hüte mich davor, etwas zu dem angesprochenen *VG Potsdam* zu sagen, mag Herr *Hohndorf*, wenn er möchte, das tun.

Aber ich sage bezogen auf das *VG Cottbus*, das kleinste und das momentan in der günstigsten Position im Land Brandenburg befindliche Verwaltungsgericht:

Wir haben Anfang 2009 die Möglichkeit erhalten, durch erneute Freigabe einer Vorsitzendenstelle, die früher schon einmal weggefallen war, eine schwerpunktmäßig mit der Abarbeitung überalterter Verfahren ausgewählter Sachgebiete beschäftigte Kammer einzurichten. Zusammen mit der dadurch begünstigten effektiveren Geschäftsverteilung unter Entlastung der übrigen Kammern und der zielorientierten, engagierten Arbeit innerhalb des Gerichts hat dies dazu geführt, dass wir jetzt mit relativ guten Erfolgsaussichten zum Jahresende anstreben, die Verfahrenseingänge bis 2008 abgeschlossen zu haben. Wir werden das Ziel sicherlich nicht vollständig erreichen, aber es wird in der Tendenz so sein, dass es nur noch eine überschaubare Zahl von Verfahren geben wird, die zwei Jahre und älter sind.

Insofern ist also schon ein Fortschritt zu verzeichnen und dies ist etwas, das bei allen brandenburgischen Verwaltungsgerichten ganz oben auf der Tagesordnung steht – die Verfahrenslaufzeiten zu verkürzen und Verfahren zu beschleunigen. Das ist sicher kein Trost für diejenigen, die in der Vergangenheit darunter gelitten haben. Aber man kann sagen: Wir sind jetzt auf einem recht guten Weg, so dass die Situation besser wird.

Das als Diskussionsbeitrag meinerseits. Jetzt setze ich wieder den Moderatorenhut auf und gucke in die Runde.

Dr. Ulrich Becker, Diskussion

Ich würde jetzt vielleicht doch ganz kurz ein paar Sätze zu dem sagen, Herr *Leithoff*, was Sie eben auch in der Diskussion gesagt haben. Sie haben natürlich Recht, am schönsten wäre es, die Verwaltung arbeitete rechtmäßig. Dann gibt es keine Probleme. Das sehe ich auch so, da haben wir gar keinen Dissens. Ich finde mein Referat auch gar nicht so rechtsprechungskritisch. Das ist auch nicht die Zielrichtung gewesen. Die Frage war, welche Mechanismen man eigentlich zur Hand hat, um – und darauf lege ich allerdings Wert –, zu sachgerechten Ergebnissen zu kommen. Das ist so kurz angesprochen worden, dass ich hier vielleicht eher auf der Seite der Aufgabenträger stehe. So sehe ich mich aber, ehrlich gesagt, nicht. Also ich würde sagen, Art. 19 Abs. 4 GG oder § 113 Abs. 1 S. 1 VwGO, darum geht es mir schon auch. Ich stelle mir allerdings als Anwalt die Frage: Was bringt es meinen Mandaten, der gegen einen Beitragsbescheid klagt, und ich erkenne als Anwalt, dass er nicht zu viel, sondern zu wenig gezahlt hat. In diesem Fall sage ich: Lass den Bescheid bestandskräftig werden und hoffe, dass die Festsetzungsfrist vorbei ist und dann hast du Geld gespart. Also diesen Prozess würde ich nicht führen. Das soll jetzt auch nicht irgendwie als Rechtsprechungsschelte zu verstehen sein. Das steht mir auch nicht zu, sondern vielmehr die Frage, wie wir durch das Dickicht der abgaberechtlichen Vorschriften hindurchkommen, so dass wir zu sachgerechten Ergebnissen gelangen.

Das dogmatische Problem an dem Dessauer Fall ist mir bewusst, und dass Herr *Schmidt*, wenn er es denn so meint, im Grunde einen Trick anwendet, ist mir auch klar. Dogmatisch sauberer zu begründen ist die Auffassung des *VG Dessau*. Ich glaube trotzdem nicht, dass wir als Juristen davor die Augen verschließen dürfen, dass wir Rechtsschutz gewähren, obwohl es im Grunde jedenfalls wirtschaftlich überhaupt keinen Sinn macht. Mich würde das als Richter, ich sage es Ihnen so offen, deprimieren. Also wie gesagt, ich bin mit Ihnen einer Meinung, es ist immer besser, wenn die Verwaltung rechtmäßig handelt. Nur: Wenn sie immer rechtmäßig handelt, dann hätten Sie wahrscheinlich auch relativ wenig zu tun. So ist die Wirklichkeit einfach auch nicht.

Ralf Leithoff, Diskussion

Ich habe Ihren Vortrag überhaupt nicht als besonderes gerichtskritisch empfunden. Ich habe mich nur daran erinnert – das soll jetzt auch keine Kritik sein –, dass Ihr Thema lautet: »Hilfreiche Rechtsprechung bei der Vereinfachung des Abgabenrechts« und ich wollte nur darauf hinweisen, dass es manchmal eben die Frage ist: Wer macht es einfach?

Gerade bei diesem Problem ist es so, dass die Vereinfachungsmöglichkeiten auf Seiten der Verwaltung um vieles leichter sind als wenn die Gerichte anfangen, da rumzufummeln. Das ist der Punkt. Das muss man sich einfach klar machen. Das mit der Bezeichnung des Amtsblattes ist auch noch zugespitzt. Man kann über diese ganzen Dinge reden, aber man kommt nicht darum herum zu sagen: Auch bei vielen dieser Formalfehler ist vielleicht manches überzogen gewesen. Bei vielen Dingen ist es schlicht und einfach so, dass es an sich nicht schwierig gewesen wäre, es richtig zu machen. Dort hätte man einen erheblichen Vereinfachungseffekt erzielen können. Das ist einfach so und wenn Sie selbst heute schildern, dass es jetzt noch Satzungen gibt, wo von »Gebührenbeitrag« oder so etwas die Rede ist, sieht man einfach die Defizite. Also die Behörden haben es da wesentlich leichter, es einfach zu machen, als wenn Gerichte sagen: Das müssen wir jetzt alles auslegen. Der Bürger wundert sich hinterher, dass das Gericht sagt: Da steht zwar im Grunde »Osterhase« drauf, aber wir interpretieren das trotzdem als zulässigen Weihnachtsmann. Das darf man ja auch nicht – das kommt denen dann vor wie Rechtsverdreherei.

Dr. Klaus Herrmann, Diskussion

Ich wollte jetzt noch einmal, ohne dem Nachmittag vorzugreifen, die Frage nach den Beschleunigungsmöglichkeiten bei Gericht ansprechen. Frau *Bluhm* ist da schon vorausgegangen. Ich möchte einen Aspekt oder einen Umstand, den auch die Verfahren hier in Brandenburg haben, dabei noch einmal ins Gespräch bringen: Schon durch die Verzögerung dieser Verfahren ergibt sich auch eine erhöhte Notwendigkeit von Urteilen. Ohne jetzt den Vortrag von Herrn *Engels* anzukündigen, halte ich sehr viel davon, wenn das Gericht früh in den Streit einsteigt und sich die Beteiligten nicht erst ausführlich festschreiben. Das ist auch meine Erfahrung aus dem Umgang mit Abgabenschuldnern auf der einen und den Abgabengläubigern auf der anderen Seite: Die Bedeutung des zeitnahen Rechtsschutzes für das Funktionieren des Rechtsschutzes insgesamt hat eine ganz erhebliche Bedeutung, die wir nicht aus den Augen verlieren dürfen. Die Bereitschaft eines Klägers, nach vier Jahren über eine Reduzierung oder einen Vergleich nachzudenken, wird ja häufig schon dadurch erheblich erschwert, wenn während dieser Zeit Säumniszuschläge oder Aussetzungszinsen auflaufen.

In diesem Bereich ist es für den Bürger eine erhebliche Belastung, wenn er dann nach vier Jahren vom Verwaltungsgericht eben mit dem Risiko konfrontiert wird: Du hast nicht Recht und Du hast den Betrag zahlen. Ihm erscheint es dann so, als müsse er darüber hinaus noch 50% Nebenforderungen draufzahlen, weil das Gerichtsverfahren so lange gedauert hat. Das untergräbt den Glauben an den effektiven Rechtsschutz, wenn nicht gar an den Rechtsstaat insgesamt. Die Bürger haben sicherlich mehr davon – auch zur Vorbereitung einer wirtschaftlich vernünftigen Entscheidung, ob man ein Klageverfahren durchführen muss, über die richtige Beurteilung der Bebaubarkeit des Nachbargrundstücks oder den Allgemeinnutzen einer Straße –, wenn in einem Aussetzungsbeschluss nach § 80 Abs. 5 VwGO innerhalb von Wochen die Frage der vorläufigen Vollziehbarkeit geklärt ist. Das ist ja auch kein großer Erkenntnisakt. Ich glaube, es gibt auch im Bereich des Rechtsschutzes nach § 80 Abs. 5 VwGO sehr viele Hilfsmittel, mit denen die schwierigen Rechtsfragen aus diesen Verfahren ebenso herausgehalten werden, wie die tatsächlichen und beweisbedürftigen Fragen zurückzustellen sind. Eine Beweisaufnahme findet nicht statt, Satzungen können zunächst erst einmal als wirksam unterstellt werden usw. Haben die Bürger diese Einschätzung des Gerichts in der Hand, werden sie vorsichtiger prüfen, ob »ihre« Frage beantwortet oder erledigt ist, und man hat für den Lauf des Klageverfahrens eine Richtschnur. Fragen der Eigentümerstellung sind, sofern sie bis zu diesem Zeitpunkt überhaupt schon dargestellt sind, natürlich in diesem Verfahren schon zu klären. Aber es geht um die Frage: Ist die Abgabenpflichtigkeit zeitnah mithilfe der Gerichte feststellbar, um im Laufe eines Verfahrens über Fragen der Höhe zu sprechen?

Werden aber, wie das in der Vergangenheit häufig auch der Fall war, die Aussetzungsverfahren und die Hauptsacheverfahren parallel behandelt, also nach vier Jahren ein Erörterungstermin im Hauptsache- und im Eilverfahren angeordnet, wird der verwaltungsgerichtliche Rechtsschutz jedenfalls im vorläufigen Rechtsschutz aus dem Gleis genommen, den gibt es nicht. Den behandelt man als Anlage zum Hauptsacherechtsschutz und er ist damit in seiner Funktion natürlich beseitigt.

Fabian Eidtner, Diskussion

Ich möchte zu dem, was Herr *Dr. Herrmann* gerade gesagt hat, gleich erwidern. Nach meiner Erfahrung im Gerichtssaal ist es nämlich ganz anders. Die verhältnismäßig alten abgabenrechtlichen Hauptsacheverfahren lassen sich besonders einfach einvernehmlich beilegen, weil der Regelfall nämlich ist, wie es § 80 Abs. 2 S. 1 Nr. 1 VwGO vorsieht, dass nämlich die Abgabe bezahlt wurde, und nach vier Jahren kann man damit locken, dass es einen Teil zurückgibt. Unter Umständen auch noch mit Erstattungszinsen.

In dem Fall, in dem einfach nicht gezahlt wurde, ohne dass ein Verfahren gemäß § 80 Abs. 5 VwGO durchgeführt wurde, hat es regelmäßig die Behörde unterlassen, zu vollstrecken, was sie nach § 80 Abs. 2 S. 1 Nr. 1 VwGO ja hätte tun können. In diesem Fall bekommen sie von mir ein paar sehr deutliche Worte gesagt und haben in dem Vergleich natürlich auf ihre Säumniszuschläge zu verzichten.

Was die gleichzeitige Erörterung von Hauptsachen und Eilverfahren betrifft: Ich glaube, da sprechen Sie aber Zustände an, die mindestens ein halbes Jahrzehnt in der Vergangenheit liegen. Also in der Zeit, in der ich Richter gewesen bin – und es waren Anfang dieses Monats neun Jahre –, habe ich dergleichen nicht erlebt. Ich bin stolz darauf, dass bei mir kein Eilverfahren älter als sechs Wochen wird, und ich kenne einen Anwalt, der hier ist, der hat es in einem zugegebenermaßen nicht abgabenrechtlichen Verfahren, über das ich mich vorigen Monat wegen des Zustandekommens eines Vergleiches freuen konnte, immerhin fertig gebracht, mal ein Jahr Erwiderungsfrist auf einen Schriftsatz zu begehren.

Prof. Dr. Dr. h.c. Lothar Knopp, Diskussion

Nur noch abschließend, weil die Zeit etwas drängt und ohne Herrn *Knuth* als Moderator vorgreifen zu wollen. Einiges liegt natürlich im Argen, aber ich versichere Ihnen: Das ist nicht das Einzige, das im Argen liegt im Land Brandenburg. Wenn ich das noch einmal aufgreifen darf, was auch die Frau *Bluhm* gesagt hat. Gut, das freut mich natürlich, Herr *Eidtner*, dass sich das alles auch mal ein bisschen zum Positiven gewandelt hat, denn ich bekomme nach wie vor im Süden – ich sage bewusst nicht, bei welchen südlichen Verwaltungsgerichten – einen Antrag nach §§ 123 oder 80 Abs. 5 VwGO innerhalb von drei Tagen oder einer Woche entschieden, wenn es darauf ankommt. Das ist effektiver Rechtsschutz. Das sage ich mal so.

Aber ich muss umgekehrt auch einmal eine flankierende Lanze für die Verwaltungsgerichtsbarkeit brechen. Ich kann das vollauf bestätigen, was hier Herr *Knuth* dargestellt hat. Ich drücke es nur ein bisschen in der mir eigenen Art drastischer aus. Es ist ein politisches Dilemma. Beschleunigungsfaktoren, Beschleunigungsaspekte bei den Verwaltungsgerichten sind in Brandenburg teilweise auch ein politisches Problem. Ich kenne das vom *VG Cottbus*, mit dem wir ja in vielfältiger Zusammenarbeit auch schon seit Jahren über den Beirat des ZfRV verbunden sind und wo diese Besetzungsproblematik in der Tat so weit geht, dass teilweise die Kammern nur mit zwei Richtern besetzt sind. Dann muss ein anderer Richter ausgeliehen werden, dann hilft Potsdam mal wieder aus, dann muss dieser sich aber erst einmal wieder in die Thematik einarbeiten, und wie soll das dann laufen? Darunter leidet natürlich auch zum Teil die Qualität. Aber Gott sei Dank, das habe ich in den Verfahren, die ich kenne, nicht erlebt. Hier wird ordentlich zur Sache gegangen. Aber was soll da das Gericht auch selbst machen? Das ist von außen, von der Politik, letztlich aufoktroyiert.

Was das andere anbelangt – zu den Behörden haben wir ja heute genügend Auffassungen gehört. Ich glaube, da drehen wir uns immer wieder im Kreis mit der Diskussion. Wenn es eine Behörde nicht kann, dann kann sie es nicht. Gut, es ist immer eine Frage der Qualität, und das ist nicht nur im Abgabenrecht so. Das kennen wir aus dem Umweltrecht, das kennen wir aus allen Bereichen. Darüber zu diskutieren, ist müßig, weil es immer wieder auf die einzelne Behörde ankommt, wie sie das ganze managt und dass da natürlich vieles im Argen liegt, ist keine brandenburgische Spezialität, kann ich Ihnen versichern. Wir finden auch äußerst unfähige Behörden im Süden, da wo ich herkomme, z.B. im Musterländle Baden-Württemberg, die können es teilweise auch nicht.

Kurt-Fritz Hohndorf, Diskussion

Einen Satz nur. Beschleunigung war das Thema sowohl im Verwaltungsverfahren als auch im verwaltungsgerichtlichen Verfahren. Es ist keinem damit gedient, gegenseitige Schuldzuweisungen anzubringen und zu vertiefen. Das dient sicherlich nicht der Beschleunigung.

Andreas Knuth, Diskussion

Vielen Dank, Herr *Hohndorf*. Ich habe die Diskussion aber so nicht verstanden, sondern dass es darum ging, gemeinsam einen offenen Meinungsaustausch zu pflegen, nach Lösungen zu suchen und auch zum Teil schon zu sehen, dass es Fortschritte gibt. Das ist ja auch ein positiver Aspekt, den man vielleicht als Zwischenbilanz zur Mittagspause ziehen kann.

2. Teil: Änderungsbedarf im Verfahrensrecht bei Kommunalabgaben

Dr. Klaus Herrmann, Moderation

Während es nach meiner Programmvorstellung am Vormittag darum ging, die bestehenden Möglichkeiten zur Beschleunigung abgabenrechtlicher Verwaltungs- und Verwaltungsgerichtsverfahren zu beleuchten, soll nun der Nachmittag dem Blick in die Zukunft gewidmet sein, insbesondere auch dem Blick über die Landesgrenzen hinaus. Welche Möglichkeiten für eine Beschleunigung des Verfahrens wurden andernorts ausprobiert – in verwaltungsrechtlichen Verfahren allgemein und nicht speziell in Abgabensachen?

Einige Evaluationen sprachen auch von Verbesserung, eine Qualitätssteigerung der Verwaltungsverfahren dadurch anzustreben, die Widerspruchsverfahren entfallen zu lassen. Dazu haben wir Herrn *Dr. Kamp* vom Ministerium für Inneres und Kommunales des Landes Nordrhein-Westfalen eingeladen, der dort an der Evaluation der Gesetzgebung aus den frühen 2000er-Jahren mitwirkt und uns hierzu möglicherweise erste Ergebnisse liefern kann. Das ist jetzt keine rein wissenschaftliche Sichtweise, sondern eher eine Auswertung in der Verwaltungsorganisation selbst, wo nicht nur ein Blick von außen darauf geworfen wird, sondern wo es auch darum geht, für zukünftige Gesetzgebungsmaßnahmen Schlussfolgerungen abzuleiten.

Nach Herrn *Dr. Kamp* hören wir, um auch noch einmal den Blick auf die Gerichte zu werfen, Herrn *Engels*. Er ist Vorsitzender Richter am *OVG Magdeburg* und war zuvor Präsident des *VG Dessau*, das im Zuge einer Organisationsänderung aufgelöst wurde. Am *VG Dessau* war er auch verantwortlich für die Durchführung des Pilotprojekts »Früher erster Termin«. Er kann und wird uns sicher einige Eindrücke schildern, welche Beschleunigungsmöglichkeiten sich aus einer solchen Vorstellung oder aus einer solchen Handhabung der Verfahren ergeben und inwieweit dies für die Abgabenverfahren, die abgabenrechtlichen Streitigkeiten tauglich ist.

Sie sehen, es wird noch ein spannender Nachmittag. Ich würde mich freuen, wenn wir auch in der anschließenden Diskussion ähnlich rege diskutieren könnten, wie wir das heute Vormittag getan haben, und bitte jetzt, wenn Sie nicht noch Anmerkungen zum Ablauf haben, Herrn *Dr. Kamp* um seine Einschätzung zur Infragestellung des Vorverfahrens in kommunalabgabenrechtlichen Streitigkeiten.

A. *Verwaltungsoptimierung und Verfahrensbeschleunigung durch den Wegfall des Vorverfahrens* (Dr. Manuel Kamp)

Vielen Dank, Herr *Dr. Herrmann*, für die nette Vorstellung. Ich muss aber betonen, dass ich selbst nicht verantwortlich gewesen bin für die Erstellung des Bürokratieabbaugesetzes II. Am Ende des Vortrages werden Sie wissen, warum ich das jetzt klarstelle. Aber ich bin mitverantwortlich für die Evaluierung dieses Gesetzes. Für die Zeit nach dem Mittagessen hat der Veranstalter vorgesehen, dass ich Ihnen ein wenig über die Erfahrungen berichte, die *Nordrhein-Westfalen* und andere Bundesländer bisher mit den dortigen Reformen des Widerspruchsverfahrens gemacht haben. Die Entscheidung, gerade diese Materie nach der Mittagspause zu plazieren, war goldrichtig. Aber nicht, weil man sich jetzt wohl genährt zurücklehnen und angesichts der Schwere des Themas wegdämmern sollte. Nein – wenn man bedenkt, dass die rechtspolitische Diskussion um die Abschaffung des Widerspruchsverfahrens mit für Juristen zum Teil beachtlicher Leidenschaft geführt wird[1], dann ist gerade das die ideale Themenstellung für die Zeit des »Suppenkomas«, in der Hoffnung, eben dieses zu verhindern.

I. Einführung

Vielleicht fragen Sie sich, ob Verwaltungsoptimierung und Verfahrensbeschleunigung *durch* den Wegfall des Vorverfahrens nicht ein Widerspruch in sich ist. Dass der Wegfall des Vorverfahrens zu einer Beschleunigung der Streitverfahrens führen kann, mag ja noch einleuchten. Aber wie sollte es dadurch gerade zu einer Optimierung des Verfahrens kommen? Mit dieser sich prima-facie stellenden Skepsis hätte ich beim Titel des Vortrags ein Fragezeichen setzen müssen. Gleichwohl habe ich das nicht getan. Ich hoffe, Sie werden mir nachher zustimmen, dass dieses richtig war.

Lassen Sie mich mit der rechtlichen Ausgangslage beginnen: § 68 VwGO verlangt vor der Erhebung einer Anfechtungs- oder Verpflichtungsklage die Durchführung eines Vorverfahrens. Bundes- und landesrechtliche Normen, die eine Ausnahme von diesem Erfordernis machen, gab es schon immer. Immer mehr Bundesländer weiten die Ausnahmen aber in so grundsätzlicher und großflächiger Weise aus, dass man von einer Abschaffung sprechen kann. Bayern ging voran, es folgten *Niedersachsen* und *Nordrhein-Westfalen*. *Sachsen*, so hört

1 Überblick über den Meinungsstand bei *Kamp*, Reform des Widerspruchsverfahrens in Nordrhein-Westfalen, NWVBl. 2008, 41 ff.; *ders.*, Widerspruchsverfahren ade, apf (Ausbildung Prüfung Fortbildung) 2009, 261 ff.

man, steht in den Startlöchern[2]. In *Brandenburg* gibt es, soweit ich das überblicke, derzeit nur wenige Bereichsausnahmen[3].

II. Reformen in den Ländern

Ich will Ihnen einen kurzen Überblick über die Reformen in den anderen Ländern geben: *Bayern* hatte schon in den Jahren 1970 bis 1974 das Widerspruchsverfahren in Bausachen abgeschafft. Ein neuer Anlauf erfolgte dann für die Zeit vom 1.7.2004 bis zum 30.6.2006 mit der probeweisen Abschaffung des Widerspruchsverfahrens im Regierungsbezirk Mittelfranken. Diese Regelung wurde nach Evaluierung auf das ganze Land übertragen. Beibehalten wurde das Widerspruchsverfahren nur in wenigen Bereichen, wie – hier interessant – im Kommunalabgabenrecht. Allerdings ist es nicht ganz richtig, wenn ich von der Beibehaltung spreche: Vielmehr räumt das Gesetz dem Bürger ein Wahlrecht ein, ob er Klage erhebt oder zunächst das Widerspruchsverfahren sucht. Das Widerspruchsverfahren ist also fakultativ. Ich selbst halte diese Konstruktion des optionalen Vorverfahrens für zweifelhaft. Vor allem belegt sie aus meiner Sicht, dass eine unumkehrbare Notwendigkeit des Widerspruchsverfahrens auch in den Rechtsgebieten, wo es fakultativ beibehalten werden soll, eben nicht besteht.

Niedersachsen hatte das Widerspruchsverfahren zunächst probeweise ausgesetzt. Nach sehr umfassender Evaluierung durch die Universität Lüneburg[4] wurde die Regelung 2009 dann entfristet. Die Gutachter hatten empfohlen, u.a. im Bereich des kommunalen Abgabenrechts das Widerspruchsverfahren wiedereinzuführen. In dem fehleranfälligen Bereich habe sich das Verfahren bewährt und seine Befriedungsfunktion werde erfüllt. Dieser Empfehlung hat sich der Landesgesetzgeber nicht angeschlossen. Er hat vielmehr die Ansicht vertreten, die Lösung des von den Gutachtern gesehenen Problems bestehe nicht darin, Fehler in einem weiteren Verfahren zu beseitigen. Sie müssten vielmehr von vornherein vermieden werden. Dazu, dass das möglich ist, wurde ausdrücklich auf die Entwicklung in *Nordrhein-Westfalen* hingewiesen[5]. Auf diese Entwicklung komme ich später zurück.

In *Nordrhein-Westfalen* wurde bereits 2004 in einigen Rechtsbereichen im Bezirk des *VG Minden* das Widerspruchsverfahren befristet ausgesetzt[6]. Zunächst wurde diese noch »schmale« Regelung auf das ganze Land übertragen

2 Vgl. Koalitionsvereinbarung zwischen CDU und FDP v. 16.9.2009, S. 47.

3 Vgl. Überblick bei *Kamp*, NWVBl. 2008, 41, 42 f.

4 Siehe *Müller-Rommel/Meyer/Heins*, Verwaltungsmodernisierung in Niedersachsen, Evaluation zur Aussetzung der gerichtlichen Vorverfahren, 2010.

5 Vgl. die Begründung zum Gesetzentwurf der Landesregierung, Landtag Niedersachsen, LT-Drs. 16/1414, S. 5.

6 GV.NRW.2004 S. 134, abrufbar unter www.recht.nrw.de.

(Bürokratieabbaugesetz I[7]). Mit Wirkung zum 1.11.2007 erfolgte durch das Bürokratieabbaugesetz II dann eine fast alle Rechtsbereiche umfassende Aussetzung[8]. Wichtig für Sie: Für das kommunale Abgabenrecht wurde im Gesetzgebungsverfahren vehement eine Ausnahme gefordert. Der Gesetzgeber hat sich dem Desiderat nicht angeschlossen. Die Aussetzung des Widerspruchsverfahrens ist bis Oktober 2012 befristet. Die Evaluierung läuft derzeit.

III. Bundesrechtliche Zulässigkeit

Es drängt sich die Frage auf, ob solche umfangreichen Ausnahmen von § 68 VwGO überhaupt zulässig sind. Mitunter wird ein weitgehender oder völliger landesrechtlicher Ausschluss des Vorverfahrens unter dem Gesichtspunkt fehlender Gesetzgebungskompetenz für unzulässig gehalten. Zur Begründung wird § 68 Abs. 1 S. 2 VwGO herangezogen. Die Norm regelt, dass es einer Nachprüfung im Vorverfahren nicht bedarf, »wenn ein Gesetz dies bestimmt«. Bis zum 6. VwGO-ÄndG vom 1.11.1996 ließ die Öffnungsklausel einen landesgesetzlichen Verzicht auf das Widerspruchsverfahren nur »für besondere Fälle« zu.

Ein Teil der Literatur ist der Ansicht, die Öffnungsklausel räume den Ländern auch nach der Gesetzesänderung nicht die Möglichkeit ein, das Widerspruchsverfahren vollständig abzuschaffen. Zur Begründung wird u.a. auf die Gesetzgebungsmaterialien zum 6. VwGO-ÄndG verwiesen. Dort hat der Rechtssausschuss des Bundestages in Beschlussempfehlung und Bericht ausgeführt, die Regelung bewirke, dass die Länder »bereichsspezifisch« den Widerspruch ausschließen könnten.

Der *BayVerfGH* und das *OVG Lüneburg* haben inzwischen die Reformen in den beiden Ländern gebilligt und entschieden, dass die Öffnungsklausel weit auszulegen ist[9]. In der Tat ist der Wortlaut der Norm offen. Entscheidend gegen eine restriktive Auslegung der Norm spricht die Betrachtung der ihrer Entstehung vorausgegangenen Rechtsprechung. Das *BVerfG* hatte zu der bayerischen Regelung von 1970 ausgeführt, eine völlige Abschaffung des Widerspruchsverfahrens komme aufgrund der Wendung »besondere Fälle« nicht in Betracht[10]. Da aber in Kenntnis dieses Richterspruchs die einschränkenden Worte gestrichen wurden, kann nicht davon ausgegangen werden, dass im Wesentlichen alles beim Alten bleiben sollte. Der Sinn der Gesetzesänderung würde sich nicht erschlie-

7 GV.NRW.2007 S. 133, abrufbar unter www.recht.nrw.de.
8 GV.NRW.2007 S. 393, abrufbar unter www.recht.nrw.de.
9 *BayVerfGH*, Entsch. v. 23.10.2008 – Vf. 10-VII-07, NVwZ 2009, 716 ff.; *OVG Niedersachen*, Beschl. v. 14.5.2010 – 11 LA 547/09, NdsVBl. 2010, 247 ff.
10 *BVerfG*, Beschl. v. 9.5.1973 – 2 BvL 43 u. 44/71, NJW 1973, 1683, 1684.

ßen. Vielmehr hat sie eine Erweiterung des Spielraums des Landesgesetzgebers mit sich gebracht.

IV. Zwecke des Widerspruchsverfahrens

Nachdem nun die bundesrechtliche Zulässigkeit der Abschaffung geklärt ist, möchte ich mit Ihnen der Frage nachgehen, welche Folgen die Reformen für die Zwecke haben, die das Widerspruchsverfahren eigentlich erfüllen soll. In diesem Zusammenhang möchte ich gleichzeitig darstellen, welche Zwecke die Reformen ihrerseits verfolgen. Wir haben alle gelernt, dass das Widerspruchsverfahren drei Aufgaben haben soll. Neben der Entlastung der Verwaltungsgerichtsbarkeit und dem Rechtsschutz für den Bürger soll das Vorverfahren auch der Selbstkontrolle der Verwaltung dienen.

1. Entlastung der Verwaltungsgerichtsbarkeit

Klar ist: Die Abschaffung des Widerspruchsverfahrens führt zu einer Steigerung der Eingangszahlen bei den Verwaltungsgerichten. Das ist zunächst unstreitig. Weniger eindeutig ist aber, in welchem Umfang das geschieht. Bei der Auswertung der Justiz-Statistiken muss nämlich Folgendes beachtet werden: Auch die Entwicklung der Eingangszahlen im langfristigen Vergleich zeigt häufiger größere Schwankungen. Für diese hat es in der Vergangenheit mangels vergleichbarer Reform des Widerspruchsverfahrens andere Ursachen gegeben. Solche können auch in Kombination mit der Reform für die aktuelle Entwicklung nicht ausgeschlossen werden. Nicht jede Steigerung der Gerichtsbelastungen, die im zeitlichen Zusammenhang mit der Abschaffung des Widerspruchsverfahrens zu verzeichnen ist, muss daher in kausaler Beziehung dazu stehen.

Jedenfalls kann von einem Verfahrensstau, von einem Kollaps oder einer Überforderung der Verwaltungsgerichtsbarkeit in *Nordrhein-Westfalen* nach derzeitigen Erkenntnissen nicht gesprochen werden. Die Verwaltungsgerichte sind gut gewappnet: Betrug die durchschnittliche Verfahrensdauer in Hauptsachen 2000 noch stolze 24 Monate, war sie 2008 auf 8,4 Monate bzw. 2009 auf 8,5 Monate gesunken[11]. Zudem zeigen die Erfahrungen in *Bayern*, *Niedersachsen* und mit dem Pilotprojekt in Ostwestfalen-Lippe, dass die Eingangszahlen nach einiger Zeit zurückgehen. Grund hierfür ist sicher auch, dass die Abschaffung des Widerspruchsverfahrens nicht in dem Sinne ersatzlos geschieht, dass in der Verwaltung alles so weiter laufen würde wie bisher. In Zusammenarbeit mit den kommunalen Spitzenverbänden wurden den Kommunen in *Nordrhein-*

11 Vgl. www.justiz.nrw.de unter „Justizministerium“, „Zahlen/Fakten“, „Statistik“.

Westfalen im Vorfeld der Gesetzesänderung Maßnahmen zum Umgang mit der Reform vorgeschlagen. Darauf komme ich später noch ausführlich zurück.

Am Rande sei angemerkt: Eine gewisse Steigerung der Eingangszahlen kann für die Verwaltungsgerichtsbarkeit nach Abgabe der Sozialhilfeverfahren an die Sozialgerichtsbarkeit und dem Rückgang der Asylverfahren durchaus von Interesse sein. Diese Entlastungswirkungen sind deutlich höher als die Belastungen, selbst wenn sich letztere als dauerhaft erweisen sollten, so dass steigende Eingangszahlen einen Beitrag zur Auslastung der Verwaltungsgerichtsbarkeit darstellen.

Soweit zur quantitativen Seite. Gibt es daneben eine Auswirkungen auf die Tätigkeit der Verwaltungsgerichte in qualitativer Hinsicht? Hier wurde, etwa aus *Niedersachsen*, berichtet, Verwaltungsrichter müssten zum Teil mehr als früher Sachverhaltsarbeit leisten, weil die Bescheide in dieser Hinsicht manchmal unzulänglich seien. Man wird diesen Aspekt beobachten müssen, allerdings vermute ich eher, dass es sich nicht um eine beständige Erscheinung handeln wird. Die Verwaltungen müssen sich erst darauf einstellen, dass das Widerspruchsverfahren als Reparaturwerkstatt nicht mehr zur Verfügung steht. Sie sollten sich verstärkt auf die Richtigkeit bereits der Ausgangsentscheidung konzentrieren. Ein Umdenken ist zum Teil erforderlich und auch bei der Aus- und Fortbildung muss entsprechend angesetzt werden.

2. Rechtsschutz

Das nordrhein-westfälische Bürokratieabbaugesetz II wird in der politischen Diskussion mitunter gerne pointiert als »Rechtsschutzabbaugesetz« bezeichnet. Der Wegfall des Widerspruchsverfahrens kann m.E. aber schon allein deswegen nicht als unzumutbares Rechtsschutzdefizit betrachtet werden, weil die Quote erfolgreicher Widersprüche mit unter 10% äußerst gering ist[12]. Würde zum Anderen das Widerspruchsverfahren eine effektive Rechtsschutzgewährung in Form der Korrektur der Ausgangsentscheidungen bieten, müsste es nach Abschaffung des Vorverfahrens zu einer Vervielfachung der behördlichen Niederlagen vor Gericht kommen, was etwa nach der Reform durch das Bürokratieabbaugesetz I in *Nordrhein-Westfalen* so nicht festgestellt werden konnte. Letztlich zeigt der Vergleich mit Materien, in denen schon in der Vergangenheit kein Vorverfahren

12 Im Jahr 2003 in Bayern: 7%, siehe *Bayerisches Staatsministerium des Inneren*, Pressemitteilung Nr. 281/04; *Oerder,* Das Widerspruchsverfahren der Verwaltungsgerichtsordnung, 1989, S. 56: 20%; *Oppermann,* Die Funktionen des verwaltungsgerichtlichen Vorverfahrens (Widerspruchsverfahren) in Baurechtssachen aus rechtlicher und rechtstatsächlicher Sicht, 1997, S. 113: 9,5-11,3%. Zu den unterschiedlichen Daten auch *Ipsen,* Landtag NRW, Ausschussprotokoll 14/467, S. 45.

durchzuführen war (etwa Art. 15 Abs. 6 Staatsvertrag über die Vergabe von Studienplätzen, § 74 Abs. 1 AsylVfG), dass die effektive Rechtsschutzgewähr ohne ein vorgeschaltetes Verfahren nicht ernsthaft in Frage gestellt wird. Gleiches gilt für allgemeine Feststellungsklagen und Leistungsklagen, bei denen generell kein Widerspruch statthaft ist.

Hat das Widerspruchsverfahren vielleicht trotz der für den Bürger geringen Erfolgsquote eine Art Befriedungsfunktion erfüllen können? Das wird man nicht ohne weiteres behaupten können. Es ist nicht nachgewiesen, dass nach einem erfolglosen Widerspruch deshalb nicht geklagt wird, weil der Bürger nun von der Richtigkeit der Behördenentscheidung überzeugt ist. Einiges spricht dafür, dass er oft mehr aus Resignation aufgegeben hat[13]. Werden, bei allem Respekt, in Widerspruchsbescheiden nicht selten standardisierte und floskenhafte Begründungen mit vielen Fundstellen von Gerichtsentscheidungen verwendet? So wirklich befriedend kann das kaum wirken.

Es gibt allerdings wohl eine höhere »psychische Hemmschwelle«, unmittelbar eine Klage zu erheben, als an die Behörde einen Widerspruch zu versenden. Gegen die Reform kann das m.E. aber nicht ins Feld geführt werden: Falls eine solche Hürde besteht, so würde sie auch bei Beibehaltung des Widerspruchsverfahrens im Falle eines ablehnenden Widerspruchsbescheids (immerhin etwa für 90% der Widerspruchsführer) existieren. Eine Hürde gibt es daneben in Form der Verpflichtung, einen Gerichtskostenvorschuss einzuzahlen. Gerade bei niedrigen Streitwerten mag es sein, dass die Mindestgebühr von 75 EUR den Streitwert übersteigt. Konkrete Anhaltspunkte dafür, dass auch unter Berücksichtigung der Möglichkeit, Prozesskostenhilfe zu beantragen, sich wirtschaftlich bedürftige Bürger gezwungen sehen, von einer Klage allein wegen der Kostenvorschusspflicht Abstand zu nehmen, sind derzeit aber nicht ersichtlich.

Zum Thema Rechtsschutzfunktion möchte ich abschließend auf Folgendes hinweisen: Führt man sich die historischen Grundlagen des Widerspruchsverfahrens vor Augen, so wird deutlich, dass es keine Errungenschaft des Rechtsstaates ist. Die Wurzeln liegen vielmehr in der so genannten Verwaltungsjustiz des ausgehenden 18. Jahrhunderts, bei der die Verwaltungsbehörden selber Justizfunktionen ausübten[14]. Konsequenterweise hätte also schon die lückenlosen gerichtlichen Rechtsschutz gewährende VwGO von 1960 auf das Widerspruchsverfahren verzichten können.

13 *Klenke*, Landtag NRW, Ausschussprotokoll 14/467, S. 12, 42; *ders.*, Landtag NRW, Ausschussprotokoll 14/312, S. 14; skeptisch auch *Oppermann,* Die Funktionen des verwaltungsgerichtlichen Vorverfahrens (Widerspruchsverfahren) in Baurechtssachen aus rechtlicher und rechtstatsächlicher Sicht, 1997, S. 337.

14 *Erichsen,* Verfassungs- und verwaltungsgeschichtliche Grundlagen der Lehre vom fehlerhaften belastenden Verwaltungsakt und seiner Aufhebung im Prozeß, 1971, S. 110, 237 ff., 284 ff.

3. Selbstkontrolle der Verwaltung

Zu der Frage, ob die als letzter Zweck des Vorverfahrens genannte Selbstkontrolle der Verwaltung überhaupt stattfindet, fehlen leider umfassende rechtstatsächliche Untersuchungen. Im Gesetzgebungsverfahren zum Bürokratieabbaugesetz II hat der damalige Präsident des *VG Düsseldorf* davon berichtet, dass sich keiner der Vorsitzenden der fünf Baukammern seines Gerichts daran erinnern konnte, dass Widerspruchsbehörden in Bausachen Ortstermine durchgeführt hätten. Bei einer sachgerechten Selbstkontrolle wäre das aber wohl zweckmäßig.

Zum Teil wird die Kontrolle in der durch den Devolutiveffekt[15] bewirkten Einschaltung der nächsthöheren Behörde gesehen. Dafür könnte sprechen, dass die Beschäftigten der Widerspruchsbehörde dem Bescheid mit größerer Distanz gegenüber stehen, als die sich mit ihm unter Umständen identifizierenden Beschäftigten der Ausgangsbehörde. Aber wird hiermit wirklich die »verwaltungspsychologische Bestandskraft« (*Hufen*) durchbrochen? Das ist nach den Erkenntnissen einer rechtstatsächlichen Untersuchung von *D. Oppermann* eher zweifelhaft. Danach kann man eine »kameradschaftliche Bürokratie« beobachten.

Außerdem fördert § 45 Abs. 2 VwVfG NRW nicht gerade die Kontroll- und auch nicht die Entlastungsfunktion des Widerspruchsverfahrens: Die Heilungsmöglichkeit von Verfahrensfehlern besteht (in *Nordrhein-Westfalen*) bis Abschluss der ersten Instanz des verwaltungsgerichtlichen Verfahrens; die Verwaltung kann also beruhigt eine etwaige Klageerhebung abwarten. Zusammenfassend kann man sagen: Zum Erhalt einer wirksamen Selbstkontrollmöglichkeit ist das Widerspruchsverfahren nicht erforderlich.

V. Änderungen der Verwaltungspraxis

Nun mögen Sie einwenden, die Zwecke des Widerspruchsverfahrens, wie sie in der Theorie gesehen werden, seien in der Tat das eine und die gelebte Praxis sei das andere. Aber muss man deswegen das Widerspruchsverfahren ganz abschaffen? Eine Alternative könnte ja sein, nach Wegen zu suchen, das Widerspruchsverfahren beizubehalten und zu optimieren. Ich meine, die Lösung liegt nicht dort, sondern im Ausgangsverfahren. Dieses muss derart gestärkt werden, dass es der verführerischen »Reparaturwerkstatt Widerspruchsverfahren« gar nicht erst bedarf. Die Verwaltungen – und mit ihnen natürlich die anderen Beteiligten: Bürger und Rechtsanwälte – sollten sich mehr auf das Ausgangsverfahren zurückbesinnen. Das geht nur bei Änderungen der Verwaltungspraxis, die die Ab-

15 Siehe dazu § 7 AG VwGO NRW; abrufbar unter www.recht.nrw.de.

schaffung des Widerspruchsverfahrens flankieren und die aus meiner Sicht eben zur Verfahrensbeschleunigung und -optimierung beitragen[16]:

1. Vor Erlass eines Bescheides

In der Zeit vor Erlass eines Bescheides geht es um die möglichst frühzeitige Einbindung der Bürger in den Prozess der Entscheidungsfindung. Weshalb? Zuvörderst dient das natürlich der Sachverhaltsermittlung. Nur dann kann überhaupt eine richtige Entscheidung getroffen werden. Bedeutung hat das nicht nur für die Ermittlung der »Kernfakten« des Tatbestands, m.E. dort insbesondere für Verhältnismäßigkeitserwägungen, sondern auch für Ermessensentscheidungen auf der Rechtsfolgenseite. Neben der Tatsachenermittlung geht es aber auch darum, beim Bürger die Akzeptanz für die Behördenentscheidung zu erhöhen. Partizipation ist eigentlich ein Kernelement der VwVfGe der siebziger Jahre. Eine frühzeitige Einbindung der Betroffenen reduziert auch den nicht zu unterschätzenden emotionalen Konfliktstoff. Irrationale Elemente, die sich durch das Gefühl ergeben, »überfahren« worden zu sein, werden reduziert.

Klassisches Mittel, eben dieses zu erreichen ist die *Anhörung*. Der Theorie nach handelt es sich um das »wichtigste Verfahrensrecht« (*Ehlers*) und das *BVerfG* sieht hierin sogar einen Ausfluss des Gebots eines fairen Verfahrens und der Menschenwürde. Wie sieht es dagegen in der Praxis aus? Dort findet die Anhörung in manchen Rechtsgebieten oft nicht statt, anders etwa bei belastenden Verwaltungsakten im Ordnungsrecht. Die verführerische Wirkung des § 45 Abs. 2 VwVfG habe ich schon erwähnt. Man muss leider zugeben: Nicht selten werden Bescheide ins Blaue hinein erlassen. Das ist umso erstaunlicher als sich die Behörde den Kostenvorteil des § 155 Abs. 4 VwGO sichern kann, wenn der Bürger trotz Anhörung Umstände erst vor Gericht vorträgt.

Ist eine Anhörung im kommunalen Steuerrecht, das interessiert Sie heute ja besonders, aber überhaupt nötig und sinnvoll? Nach § 12 Abs. 1 Nr. 3a KAG NRW in Verbindung mit § 91 Abs. 2 Nr. 4 AO (entspricht § 28 Abs. 2 Nr. 4 VwVfG NRW) kann von einer Anhörung abgesehen werden, wenn sie nach den Umständen des Einzelfalls nicht geboten ist, insbesondere wenn die Verwaltung gleichartige Verwaltungsakte in größerer Zahl oder Verwaltungsakte mit Hilfe automatischer Einrichtungen erlassen will. Hierauf wird zum Teil abgestellt, um eine Entbehrlichkeit der Anhörung zu begründen[17]. Allein der Umstand, dass

16 Vgl. hierzu und zum Folgenden *Kallerhoff*, Strukturelle Konsequenzen der Veränderungen beim Widerspruchsverfahren in NRW, NWVBl. 2008, 334 ff.; *Schönenbroicher*, Leitziele und Kernpunkte der Reformen des Widerspruchsverfahrens, NVwZ 2009, 1144 ff., und die Nw. oben bei Fn. 1.

17 Vgl. nur *Beunink*, Das Bürokratieabbaugesetz II in Nordrhein-Westfalen, KStZ 2008, 68 ff.

Abgabenbescheide mengenmäßig einen großen Anteil ausmachen, dürfte wohl nicht dazu führen, den Ausnahmetatbestand für einschlägig zu halten. »Nicht geboten« kann die Durchführung einer Anhörung letztlich dann keinesfalls sein, wenn die Behörde handgreiflich damit rechnen muss, dass ihr die notwendigen Tatsachengrundlagen fehlen.

Bei den Evaluierungen der landesrechtlichen Reformen wird mitunter eingewandt, Anhörungen seien aus Kosten- oder Kapazitätsgründen nicht leistbar. Die grundsätzliche Anhörungspflicht steht jedoch nicht unter dem Vorbehalt ausreichender Behördenausstattung oder sachgerechter Organisation. Und natürlich ist der Rechtsstaat nicht ohne Kosten zu haben. Abschließend möchte ich zur Anhörung behaupten: Sie ist keine relevante zeitliche Verzögerung im Verfahren. Wer vernünftig anhört, braucht keine zusätzliche formalisierte Selbstkontrollmöglichkeit nach Erlass des Bescheides, die Zugangsvoraussetzung für eine Klage ist.

Eine weitere Möglichkeit, den Bürger vor Erlass des Bescheides einzubinden, ist das *Übersenden eines Bescheidentwurfs*[18]. Bewährt haben sich auch *Anliegerversammlungen* im Vorfeld von Straßenbaumaßnahmen, die viele Unklarheiten und Probleme bereits zu diesem Zeitpunkt beseitigen. Sie erleichtern übrigens auch das Abschätzen des Klagepotentials der Maßnahme.

Als andere Mittel der Qualitätssicherung kommen etwa in Sachgebieten mit hohem Klagerisiko die Einführung des Vier-Augen-Prinzips oder die Institutionalisierung einer Beteiligung des Rechtsamts bereits bei der Erstentscheidung in Betracht. Wesentlich erscheint mir auch zu sein, *Aus-/Fortbildung* der Beschäftigten anzupassen. Die Fachhochschule für öffentliche Verwaltung *Nordrhein-Westfalen* hat bereits entsprechend reagiert. Bei den Lehrthemen wurden die Anteile des Widerspruchsverfahrens zugunsten einer Intensivierung des verwaltungsgerichtlichen Klageverfahrens und des vorläufigen Rechtsschutzes verringert. Das Führen von Verwaltungsgerichtsprozessen durch Beschäftige des gehobenen Dienstes wird in der Praxis dadurch erleichtert. Zugleich wird im Studium an der Fachhochschule ein Schwerpunkt auf die im Fach Bescheidtechnik vermittelte korrekte Erstellung von Erstbescheiden gelegt.

Als Zwischenresümee zu Maßnahmen vor Erlass eines Bescheides kann man als Erfahrung aus *Niedersachsen* und (vorbehaltlich der Evaluierungsergebnisse) aus *Nordrhein-Westfalen* ziehen: Die Kontakte zwischen Behörden und Bürgern haben nach der Reform zugenommen. Es wird mehr geredet. Demgegenüber wurde das Widerspruchsverfahren oft als »Zeit der Sprachlosigkeit«[19] wahrge-

18 Vgl. hierzu und zum Folgenden *Müller-Rommel/Meyer/Heins*, Verwaltungsmodernisierung in Niedersachsen, Evaluation zur Aussetzung der gerichtlichen Vorverfahren, 2010, S. 147 ff.

19 *Kallerhoff*, NWVBl. 2008, 334, 339.

nommen. Ein wesentlicher Bestandteil des VwVfG wird, wie in der Sachverständigenanhörung pointiert formuliert wurde, faktisch wieder in Kraft gesetzt[20].

Man mag nun einwenden, es erhöhe sich der Arbeitsaufwand pro Bescheid. Auffälligerweise zeigt die Erfahrung aus *Niedersachsen*, dass der Aufwand nicht relevant gestiegen ist[21]. Selbst wenn das anders wäre, könnte man nicht darüber hinwegsehen, dass die Erstellung eines »richtigen« Bescheids eben Arbeit verursacht.

2. Gestaltung des Bescheides

Je besser ein Bescheid sprachlich für den Empfänger verständlich ist, umso weniger ist mit der Einlegung von Rechtsbehelfen zu rechnen, die nur auf Unklarheiten zurückzuführen sind. In Aus- und Fortbildung der Beschäftigten der öffentlichen Verwaltung auf die Schulung adressatengerechter Sprache zu achten, ist daher eine flankierende Maßnahme.

Als weitere Möglichkeiten, mit der Gestaltung des Bescheids auf den Wegfall des Widerspruchsverfahrens zu reagieren, wird der Verzicht auf die Rechtsbehelfsbelehrung genannt, mit der Folge, dass nunmehr die Jahresfrist des § 58 Abs. 2 VwGO gilt. In dieser Zeit, so hofft man, könnten etwaige Einwendungen des Bürgers dann abgearbeitet werden, ohne dass er zu einer vorsorglichen Klageerhebung gezwungen würde. Eine grundsätzliche Pflicht, einem Bescheid eine Rechtsbehelfsbelehrung beizufügen, besteht nicht; § 59 VwGO gilt nur für Bundesbehörden. Andererseits ist zu berücksichtigen, dass ein Interesse an rascher Bestandskraft besteht. Der Königsweg ist der Verzicht auf eine Rechtsbehelfsbelehrung also nicht.

Gute Erfahrungen hat man in *Niedersachsen* und, soweit das schon beurteilt werden kann, in *Nordrhein-Westfalen* mit der Aufnahme eines Hinweises auf *Kontaktaufnahmemöglichkeiten* bei Unstimmigkeiten gemacht, der etwa wie folgt lauten kann:

> »Sie können gegen diesen Bescheid – wie aus der Rechtsbehelfsbelehrung ersichtlich – unmittelbar Klage erheben. Zur Vermeidung unnötiger Kosten empfehle ich Ihnen jedoch, sich vor Erhebung einer Klage zunächst mit uns in Verbindung zu setzen. In vielen Fällen können so etwaige Unstimmigkeiten bereits im Vorfeld einer Klage sicher behoben werden.«

Tatsächlich reduziert ein solcher Hinweis Klagen bei unproblematischen Mängeln des Bescheids.

20 *Ostermann,* Landtag NRW, Ausschussprotokoll 14/467, S. 47.

21 *Müller-Rommel/Meyer/Heins,* Verwaltungsmodernisierung in Niedersachsen, Evaluation zur Aussetzung der gerichtlichen Vorverfahren, 2010, S. 151.

Denkbar ist im kommunalen Abgabenrecht auch eine *Bescheidung unter Vorbehalt* (§ 12 Abs. 1 Nr. 4b KAG NRW in Verbindung mit § 164 AO). Eine Abgabenfestsetzung unter dem Vorbehalt der Nachprüfung bietet sich aber nur bei bekannten Zweifelsfragen an, deren Klärung zu erwarten ist.

Möglich ist daneben eine *bedingte Zusage eines Zweitbescheids*, die etwa so lauten kann[22]:

»Wenn die meinem Bescheid zugrundeliegenden Berechnungsfaktoren Ihrer Meinung nach falsch sind, bitte ich Sie, mir dies innerhalb eines Monats nach Erhalt dieses Bescheids auf dem beiliegenden Vordruck mitzuteilen. Ich werde Ihre Angaben überprüfen und Ihnen das Ergebnis der Überprüfung in einem neuen Bescheid mitteilen. Dieser Zweitbescheid ersetzt dann den vorliegenden Bescheid. Sollten Sie von dieser Möglichkeit der Fehleranzeige Gebrauch machen, sehen Sie die vorstehende Rechtsmittelbelehrung bitte als überholt an, da dann zunächst der Zweitbescheid abzuwarten ist.«

Dies bietet den Vorteil, durch die kurze Klagefrist nicht in Zeitdruck zu geraten. Ein Widerspruchsverfahren »durch die Hintertüre« wird damit nicht eingeführt. Die beschriebenen Möglichkeiten sind nicht Teil eines zwingenden förmlichen Verfahrens, sondern können flexibel eingesetzt werden. Sie sind formlose, verwaltungsinterne Überprüfungsverfahren, die den Beteiligten im Vergleich zum Widerspruchsverfahren mehr Handlungsfreiheit geben, auch für gütliche Einigungen.

Gerade bei der bedingten Zusage eines Zweitbescheids stellt sich die Frage, was geschieht, wenn der Adressat des Bescheids trotzdem unmittelbar klagt. Die Evaluierung in *Niedersachsen* hat gezeigt, dass diese Konstellation eher vernachlässigungswürdig ist: Lediglich in weniger als 3% der Fälle wurde – die Zusage ignorierend – direkt geklagt[23]. Für *Nordrhein-Westfalen* sind hiervon abweichende Erkenntnisse nicht vorhanden. Allerdings ist klar, wenn der Bürger klagt, fehlt ihm hierfür nicht das Rechtsschutzbedürfnis[24]. Noch nicht abschließend geklärt ist, ob es sich bei der Kostenentscheidung ganz oder teilweise zu Lasten des Bürgers auswirken kann, dass er den Weg der direkten Klage gewählt hat. Bei der Billigkeitsentscheidung nach einer Erledigungserklärung bei § 161 Abs. 2 VwGO kann m.E. durchaus die Kooperationsbereitschaft der Behörde berücksichtigt werden.

Die Behörde sollte natürlich bei der Zweitbescheidszusage auf die sofortige Vollziehung des (Erst-)Bescheids verzichten. Besteht sie weiter auf der Zahlungspflicht, so bleibt dem Bürger nur die Klage. Die Stadt darf ihren ursprünglichen Bescheid nicht vollziehen, das wäre widersprüchlich[25].

22 Siehe auch Empfehlung des Städtetags Nordrhein-Westfalen vom 4.2.2008 zum „Vollzug des Bürokratieabbaugesetzes II im Bereich der Kommunalabgaben".

23 *Müller-Rommel/Meyer/Heins*, Verwaltungsmodernisierung in Niedersachsen, Evaluation zur Aussetzung der gerichtlichen Vorverfahren, 2010, S. 160.

24 *VG Köln*, Beschl. v. 27.4.2009 – 27 K 1196/09; abrufbar unter www.nrwe.de.

25 *VG Aachen*, Beschl. v. 15.5.2008 – 7 K 443/08; abrufbar unter www.nrwe.de.

Abschließend halte ich für die Zweitbescheidszusage fest: Sie ist komplizierter als die vorherige Durchführung einer Anhörung. Sie sollte nicht undifferenziert flächendeckend, sondern zurückhaltend nur dort eingesetzt werden, wo trotz Anhörung mit gerechtfertigten Einwänden zu rechnen ist.

3. Verwaltungspraxis für die Zeit *nach Erlass* des Bescheides

Bedeutsam für die Zeit nach Erlass eines Bescheides ist der Umgang mit Einwendungen der Bürger. Die Möglichkeiten, formlose (§ 10 S. 1 VwVfG NRW) verwaltungsinterne Überprüfungsverfahren zu etablieren, sind fast unbegrenzt. Die ausdrückliche Ermunterung zur Kontaktaufnahme (siehe oben b)) wird einem Bedarf nach persönlicher oder telefonischer Erläuterung des Bescheides gerecht und baut bestehende Hemmschwellen ab, zum Telefonhörer zu greifen und »seinen« Sachbearbeiter anzurufen. Die Erfahrungen insbesondere in *Niedersachsen* zeigen, dass ergänzende Gespräche und eine (nochmalige) Erklärung und Überprüfung der Bescheide in nicht wenigen Fällen ausreichen, um Klagen zu vermeiden.

Die Verwaltungen können sich in flexibler und kreativer Weise auf die neue Situation einstellen. Gute Erfahrungen bestehen etwa mit dem Aufbau einer zentralen Anlaufstelle oder Hotline[26]. Das Zeitproblem, etwaigen Einwendungen innerhalb der Klagefrist nachzukommen, ist nicht zu leugnen. Allerdings habe ich soeben einige Wege aufgezeigt, wie hiermit umgegangen werden kann.

Ich finde es keineswegs zu gewagt, als Zwischenresümee zu den notwendigen Änderungen in der Verwaltungspraxis festzuhalten: Man kann sich dem Eindruck nicht verschließen, das Widerspruchsverfahren (in seiner jahrzehntelangen gelebten Praxis) sei eher hinderlich, um in bestimmten Rechtsbereichen ein »gutes« Ausgangsverfahren zu bewirken. Behördenmitarbeitern kann man es aber kaum übel nehmen, wenn sie bislang möglicherweise zu stark auf eine etwaige Fehlerreparatur im Widerspruchsverfahren gesetzt haben.

VI. Spezielle Fragen des Kommunalabgabenrechts

Als ein Grund für die Notwendigkeit, das Widerspruchsverfahren im kommunalen Abgabenrecht bestehen zu lassen, wird die besondere Fehleranfälligkeit des Rechtsbereichs genannt.

26 Siehe hierzu etwa *D. Kallerhoff*, Strukturelle Konsequenzen der Veränderungen beim Widerspruchsverfahren in NRW, NWVBl. 2008, 334, 340; *Müller-Rommel/Meyer/Heins*, Verwaltungsmodernisierung in Niedersachsen, Evaluation zur Aussetzung der gerichtlichen Vorverfahren, 2010, S. 155.

Lassen Sie mich beispielhaft anhand des Erschließungsbeitragsrechts einige immer wiederkehrende Ursachen für Bescheidmängel nennen[27]: Bereits die Ermittlung der für die jeweilige Abrechnung maßgeblichen Satzungen bereitet Schwierigkeiten. So kommt es auf die Satzung zum Zeitpunkt der endgültigen Herstellung der Erschließungsanlage an. Daneben kann es Probleme machen, festzustellen, ob die Anlage tatsächlich endgültig hergestellt ist. Zudem sind die Satzungsregelungen nicht vorbehaltlos auf den einzelnen Abrechnungsfall anzuwenden; die Rechtsprechung entwickelt zum Teil recht filigrane Ausnahmen. Letztlich können fehlende oder intransparente Kostenrechnungen als Grund für die Fehleranfälligkeit des Abgabenrechts ausgemacht werden. So ist die Ermittlung der ansatzfähigen Kosten nicht ohne Probleme.

In Reaktion auf die Fehleranfälligkeit sollte aber nicht auf die Heilungschancen im Widerspruchsverfahren geschielt werden. Wichtiger ist es, die Fehler bereits im Ausgangsverfahren zu vermeiden. Eine weitere Besonderheit des kommunalen Abgabenrechts wird angeführt, um eine Wiedereinführung des Widerspruchsverfahrens zu begründen[28]: Die Abhängigkeit der kommunalen Steuerbescheide von den Grundlagenentscheidungen der Finanzverwaltung bei der Grund- und Gewerbesteuerveranlagung. Die Kommunen hätten keinen Einfluss auf Qualität der Basisdaten. Letzteres stimmt, aber das kann kein Argument für die Wiedereinführung oder das Beibehalten des Widerspruchsverfahrens sein.

Der Bürger kann den kommunalen Steuerbescheid nicht mit Einwänden angreifen, die sich gegen die diesem zugrundeliegenden Entscheidungen des Grundlagenbescheids der Finanzverwaltung richten (vgl. § 351 Abs. 2 AO). Widersprüche und Klagen wären gleichermaßen unbegründet. Der Bürger kann gegenüber den kommunalen Steuerbescheiden im Wesentlichen nur Einwendungen gegen die Anwendung des Hebesatzes geltend machen oder etwa auch formelle Einwendungen z.B. zur fehlerhaften Bekanntgabe. Eine Ausnahme gibt es bei der selbständigen Festsetzung von Vorauszahlungen durch die Kommunen nach § 19 GewStG. Wenn das Finanzamt keinen Messbescheid für Vorauszahlungszwecke erlässt, muss der Steuerpflichtige direkt klagen[29].

Eine Kommune muss von Amts wegen (und nicht etwa im Rahmen eines Widerspruchsverfahrens) ihren Folgebescheid ändern, wenn das Finanzamt einen Messbetragsbescheid ändert (§ 175 Abs. 1 Nr. 1 AO). Darauf bezogene Klagen oder Widersprüche wären unbegründet. Soweit ein Grundlagenbescheid von der

27 Siehe im Einzelnen *D. Kallerhoff*, Die Gesetzgebungskompetenz für das Erschließungsbeitragsrecht, 1994, S. 98 ff.

28 Siehe hierzu die Diskussion im Gesetzgebungsverfahren zum Bürokratieabbaugesetz II in Nordrhein-Westfalen, Landtag NRW, Vorlage 14/1228.

29 Vgl. *Thouet*, Änderung von Gewerbesteuerfestsetzungen nach Wegfall des außergerichtlichen Vorverfahrens, vr 2008, 37, 38 f.

Vollziehung ausgesetzt wird, ist auch die Vollziehung des Folgebescheids auszusetzen (§ 361 Abs. 3 AO, § 69 Abs. 2 FGO).

Das zweigeteilte Verfahren bei der Grundsteuer- und Gewerbesteuerveranlagung führt also nicht dazu, dass Mängel der Bescheide der Finanzverwaltung zu Lasten der Kommunen gingen. Gleichwohl herrscht bei einigen Kommunen derzeit Aufregung im Hinblick auf die Entscheidung des *Bundesfinanzhofes* zur notwendigen Neubewertung des Grundvermögens für Zwecke der Grundsteuer vom 30.6.2010[30]. Die Wiedereinführung des Widerspruchsverfahrens wird gefordert[31]. Nach dem Vorhergesagten sind die dahinter stehenden Sorgen aber nicht begründet. Um zu vermeiden, dass die Bürger gleichwohl gegen die kommunalen Bescheide vorgehen, sollten die Kommunen entsprechende Hinweise im Internet, auf Merkblättern und den Bescheiden platzieren – das geschieht in den allermeisten Fällen bereits. Außerdem kann mit Presse- und Öffentlichkeitsarbeit bei aufsehenerregenden Entscheidungen weitere Aufklärung geleistet werden[32]. Das Widerspruchsverfahren jedenfalls ist kein tauglicher Rettungsanker.

Auch eine weitere Sorge ist unbegründet: Die Durchführung von *Musterverfahren* ist weiterhin möglich, insbesondere, wenn es um die Klärung der Wirksamkeit einer Satzung(sbestimmung) geht. Ermöglicht wird das durch die Abgabe einer Zusicherung, dass bestandskräftige Bescheide nach Ausgang des Musterverfahrens aufgehoben oder geändert werden[33].

VII. Ausblick

Meine Damen und Herren, ich komme zum Schluss: Eine (weitgehende) Abschaffung des Widerspruchsverfahrens führt zunächst zum Wegfall der Filterfunktion des Vorverfahrens vor dem Klageverfahren. Dazu habe ich einiges gesagt. Im Übrigen kann die Abschaffung des Widerspruchsverfahrens aber zu einer Verbesserung der Qualität der Ausgangsbescheide führen; auch dazu habe ich Hinweise gegeben. Die Folge ist eine Verfahrensbeschleunigung. Hierzu wird es aber nur kommen, wenn die Verwaltungen flankierende Maßnahmen ergreifen und sich auf dialogische Verfahrensweisen zurückbesinnen. Der Werkzeugkoffer an flexiblen Handlungsmöglichkeiten vor Erlass eines Bescheids, bei seiner Gestaltung und für die Zeit nach seinem Erlass ist gut gefüllt. Wer ihn zu

30 *BFH*, Urt. v. 30.6.2010 – II R 60/08, BFHE 230, 78 ff.

31 Städte- und Gemeindebund NRW-Mitteilung 397/2010 v. 10.9.2010, abrufbar unter www.kommunen-in-nrw.de.

32 Siehe nur das Informationsblatt der Gemeinde Schäftlarn, Landkreis München vom 13.12.2005, abrufbar unter www.schaeftlarn.de, „Steuern, Gebühren und Beiträge“, „Informationen zur Grundsteuer“.

33 *OVG NRW*, Urt. v. 30.10.2001 – 15 A 5184/99, NVwZ-RR 2002, 296 ff.

nutzen weiß, muss das »Damoklesschwert« einer Klageerhebung nicht fürchten, sondern kann sich wieder auf elementare Grundzüge bürgernahen und effizienten Verwaltungshandelns zurückbesinnen.

Wenn Sie jetzt angespornt in *Brandenburg* das Widerspruchsverfahren abschaffen wollen: Nehmen Sie sich an der Regelungssystematik in *Nordrhein-Westfalen* kein Beispiel: Es gibt dort ein komplexes »System« von Regeln, Ausnahmen, Ausnahme-Ausnahmen und Rück-Ausnahmen dazu. Das ist zwar ein wunderbares Surrogat für den Bedeutungsverlust klassischen Prüfungsstoffs zum Widerspruchsverfahren in mündlichen Examensprüfungen und eine Arbeitsbeschaffung für Repetitoren. Ein Beispiel für gute Rechtssetzung ist es freilich eher nicht.

Am Ende bleibt mir zu hoffen, zumindest einen Beitrag dazu geleistet zu haben, dass Sie das »Suppenkoma« gut überwinden konnten.

B. Beschleunigungsinstrumente der VwGO und Ergebnisse des Pilotprojekts »Früher erster Termin« (Helmut Engels)

Ich soll Ihnen heute etwas über Beschleunigungsinstrumente nach der VwGO erzählen und über Erfahrungen mit der Einführung eines sog. »Frühen Termins« im verwaltungsgerichtlichen Verfahren, die wir in den Jahren 2006 bis zur Auflösung des Gerichts Ende 2008 beim *VG Dessau* gesammelt haben.

I. Beschleunigungsinstrumente der VwGO

Was die Beschleunigungsinstrumente in der VwGO angeht, möchte ich mich sehr kurz fassen, weil ich glaube, dass ich Ihnen allen nichts Neues darüber erzähle. Sie kennen die VwGO möglicherweise sogar besser als ich. Als Beschleunigungsinstrumente dient etwa die Hinweispflicht des Vorsitzenden oder des Berichterstatters zur Ergänzung des Vortrages, zur Ergänzung von Akten, die noch nicht übersandt worden sind oder dergleichen mehr. Sonstige Sachverhaltsermittlungen tragen natürlich, wenn sie frühzeitig erfolgen, auch dazu bei, dass das Verfahren beschleunigt zu Ende gebracht werden kann.

Ein weiteres wirksames Instrument, denke ich, ist die Durchführung eines Erörterungstermins, bei dem es gelingen kann, wenn es ganz gut läuft, dass die Klage zurückgenommen wird oder dass die Beteiligten sich einigen. Jedenfalls aber mag es dazu beitragen, dass der Berichterstatter oder der Vorsitzende in einem solchen Erörterungstermin den Beteiligten in einem mündlichen Dialog vorstellt, worauf es nach der vorläufigen Auffassung des Gerichts ankommt, sodass, wenn sich der Vortrag der Beteiligten schon etwas zerfasert haben sollte, das

Augenmerk wieder auf die entscheidungserheblichen Gesichtspunkte gelenkt wird.

Eines der weiteren Beschleunigungsinstrumente ist das Setzen von sog. Ausschlussfristen nach § 87b VwGO. Also im Asylrecht trägt das sicherlich dazu bei, dass man das Ganze straffen kann. Im Abgabenrecht glaube ich, ist es eher untauglich. Denn verhindern können Sie damit nicht, dass Ihnen zwei Tage vor dem Termin ein vierzigseitiger Schriftsatz auf den Tisch kommt – den müssen Sie auch lesen. Neuem Tatsachenvorbringen können Sie damit möglicherweise begegnen, aber dem Vortrag oder der Vertiefung von Rechtsansichten oder ähnlichem können Sie damit natürlich nicht begegnen.

Als weiteres Instrument, das die VwGO zur Beschleunigung von verwaltungsgerichtlichen Verfahren zur Verfügung stellt, ist sicherlich auch die Möglichkeit zu nennen, dass die Beteiligten übereinstimmend auf die Durchführung der möglichen Verhandlung verzichten oder die Möglichkeit des Gerichts, ggf. auch gegen den Willen der Beteiligten, ohne mögliche Verhandlung durch Gerichtsbescheid zu entscheiden.

Ein weiteres Instrument ist die Übertragung des Rechtsstreits auf den Einzelrichter, so wie es § 6 der VwGO für den Regelfall vorsieht. Ferner ist im § 87 intendiert, dass über das verwaltungsgerichtliche Streitverfahren in einer mündlichen Verhandlung entschieden wird. Die Straffung, die Konzentration auf diesen einen Termin soll, denke ich, auch zu einer Beschleunigung beitragen, und wir haben sodann im Berufungsverfahren, bei dem es seit Inkrafttreten der sechsten VwGO-Änderungsnovelle eine zusätzliche Hürde gibt, die die Kläger oder Beteiligten nehmen müssen, nämlich die Zulassung des Rechtsmittels bzw. im Beschwerdeverfahren die Beschränkung der Überprüfung auf die dargelegten Gründe. Das ist etwas, das mich seit meiner Rückkehr zum *OVG Magdeburg* wieder beschäftigt – die Zulassungsverfahren.

Als ich beim *OVG Magdeburg* am 1.1.2008 wieder angefangen habe, habe ich eine durchaus nicht ganz unerhebliche Anzahl von Verfahren vorgefunden, bei denen nach Jahren noch nicht über die Zulassung entschieden worden war. Das hat natürlich immer alles seine guten Gründe, etwa eine Belastung mit vordringlichen anderen Verfahren und dergleichen mehr. Einer der Gründe, die auch mit dazu beigetragen haben, dass es in einzelnen Fällen dazu kommt, dass nach Jahren bedauerlicherweise immer noch nicht über die Zulassung entschieden ist, ist eben dieses Zulassungsverfahren. Ich bin häufig konfrontiert worden mit der Frage: Was steht denn da eigentlich einer Entscheidung noch im Wege? Das ist hochkompliziert. Warum ist das hochkompliziert? Die Entscheidung des Verwaltungsgerichts ist falsch. Na, dann ist das doch einfach. Nein, das ist nicht einfach, das macht es erst kompliziert, denn es stellt sich die Frage: Hat der Kläger mit seinem Zulassungsantrag diesen Fehler auch in gebührender Weise aufgezeigt? Hat er unter Bezeichnung eines Zulassungsgrundes nach § 124 Abs. 2 Nr.

1-5 VwGO den Mangel, an dem das Urteil leidet, auch in der gebührenden Weise dargelegt?

So kommt es eben doch gelegentlich vor, dass – so jedenfalls meine Beobachtung – sich die zweite Instanz fast mehr mit der Frage quält, ob zuzulassen ist, als mit der eigentlichen Sachentscheidung. Das eigentliche Berufungsverfahren ist gelegentlich leichter zu entscheiden als die Frage: Ist der Zulassungsgrund dargelegt oder nicht.

Nun können Sie sagen: Eigentlich ist das nur eine Frage der Entscheidungsschwäche des betreffenden Richters, das ist keine rechtliche Frage. Aber man könnte natürlich überlegen, ob man nicht, das wäre für den Gesetzgeber eine Aufgabe, dieses Instrument noch ein wenig verfeinert. Dieses Zulassungsverfahren sollte ja ohnehin der Verfahrensbeschleunigung dienen. Da, wo es seinen Zweck verfehlt, könnte man ja nachsteuern, etwa indem man kraft Gesetzes eine Zulassungsfiktion einführt z.B. für Verfahren, die eine bestimmte Dauer, sagen wir mal sechs Monate nach Eingang des Zulassungsantrages, erreicht haben. Wenn dann über eine Zulassung noch nicht entschieden ist, dann gilt sie kraft Gesetzes als zugelassen. Eine solche Regelung würde vielleicht die eine oder andere Sperre lösen, so dass man sich dem Fall dann auch in der Sache zuwenden kann.

II. Erfahrungen mit dem „Frühen Termin"

Jetzt möchte ich mich gerne unseren Erfahrungen zuwenden, die wir mit dem sog. »Frühen Termin« in verwaltungsgerichtlichen Verfahren beim *VG Dessau* gemacht haben.

1. Motive und Anlässe des Pilotprojekts

Wie kommt man überhaupt auf die Idee, ein solches Projekt anzugehen? Also ich bin mit der Frage »Früher Termin« und was ist das, was soll das, kann man das auf das verwaltungsgerichtliche Verfahren überhaupt übertragen, zuerst als Proberichter beim *VG Magdeburg* in Berührung gekommen. Ich bekam einen neuen Vorsitzenden. Dieser kam ursprünglich aus der ordentlichen Gerichtsbarkeit und hatte eine erfrischend forsche Natur, was die Herangehensweise an Verfahrensbestände anging. Er stand in meinem Zimmer und sagte: »Als ich beim Amtsgericht war, da habe ich immer einen ‚Frühen Termin' gemacht. Da konnte man sich schnell nach dem Eingang der Klagen mit den Leuten unterhalten. Das hatte eine hohe Befriedungsfunktion. Ich finde es eigentlich schade, dass es so etwas im verwaltungsgerichtlichen Verfahren nicht gibt.« Dazu habe ich damals als junger Proberichter gesagt, dass das für bestimmte Fälle auch durchaus dienlich sein mag. Wir sind dann jedoch auseinander gegangen in der übereinstimmenden Erkenntnis, dass die Verwaltungsgerichtsordnung einen »Frühen Termin« nicht vorschreibt.

Im Rahmen der Beratungen zur sechsten VwGO-Änderungsnovelle – das ist mir heute Morgen auf dem Weg hierher wieder eingefallen – hat dieser »Frühe Termin« auch eine ganz kleine Rolle gespielt und zwar in den Beratungen des Unterausschusses »Recht« des deutschen Bundesrates. Da hatte das Land Berlin im ersten Durchgang einen Antrag eingebracht – ich kann Ihnen jetzt nicht mehr sagen, ob das jetzt ein förmlicher Änderungsantrag war oder nur eine Prüfbitte an den Bundestag –, der darauf abzielte, auch in verwaltungsgerichtlichen Verfahren einen »Frühen Termin« vorzusehen. Meine Abteilungsleiterin damals im Justizministerium, ich war in der Zeit abgeordnet, fand, dass dies eine gute Idee sei und so bin ich also auch in den Unterausschuss »Recht« des deutschen Bundesrates gefahren und da sind wir dann an der Seite von Berlin mit 2 zu 14 zu 0 Stimmen untergegangen. Der »Früher Termin« hat sich damals nicht durchgesetzt und hat keine Aufnahme in der Verwaltungsgerichtsordnung gefunden.

Was war jetzt Anlass, am *VG Dessau* darüber nachzudenken, ob sich Richter einem solchen Projekt nähern? Die Idee entstand im Herbst 2005 und knüpfte an eine Erhebung, eine sog. Kundenbefragung an, die der Präsident des *OVG Magdeburg* im Frühjahr 2005 durchgeführt hatte, wohl auch weil die Verwaltungsgerichtsbarkeit – das war ja nicht nur der Präsident des *OVG Magdeburg*, sondern es hat die anderen Chefpräsidenten genauso bewegt – ernüchtert aufgewacht ist und gemerkt hat, dass Politik und Gesellschaft offenbar das Vertrauen in die Fähigkeit der Verwaltungsgerichtsbarkeit verloren hatten, Streitverfahren zügig und qualitätsgerecht zu einem Ende zu bringen.

Gemerkt haben wir das daran, dass uns eine Vielzahl von Sachbereichen, die eigentlich zur Verwaltungsgerichtsbarkeit gehörten, abhanden gekommen sind. Der sicherlich härteste Schlag war, dass wir die sozialhilferechtlichen Verfahren verloren haben. Es gab aber durchaus noch weitere Blickpunkte, bei denen der Gesetzgeber schon im Vorhinein gesagt hat: Das geben wir gar nicht erst in die Verwaltungsgerichtsbarkeit. So sind etwa die Vergabeverfahren bei der ordentlichen Gerichtsbarkeit angesiedelt, die der Sache nach verwaltungsrechtliche Streitigkeiten darstellen. Diese gingen gleich in andere Gerichtsbarkeiten, weil der Gesetzgeber offenbar meinte, die Verwaltungsgerichtsbarkeit komme damit sowieso nicht zurecht. Das sagt keiner öffentlich, das steht auch in keiner Gesetzesbegründung, aber es war, so denke ich, eine der Überlegungen, die zu diesen Ergebnissen geführt haben.

Die Ergebnisse der Kundenbefragung im Jahr 2005 wiederum haben, insbesondere was die Verfahrensdauer und was die Verfahrenstransparenz anging, Rückmeldungen gebracht, die beunruhigen mussten. Es hieß u.a., die Verfahrensdauer sei inakzeptabel. Ein Großteil der Betroffenen, so hat sich ein Anwalt geäußert, verzichte auf Durchführung derart langwieriger Verfahren oder werde prozessmüde, obwohl damit zum Teil eklatantes Unrecht hingenommen werde. Wenn ein Richter so etwas liest, muss er sicherlich erst einmal schlucken. Ein solches Urteil ist, glaube ich, die Höchststrafe. Denn da wird deutlich, dass man eigentlich dem Grundanliegen der Rechtssuchenden nicht gerecht wird. Wir sind ja gerade dafür da, Rechtsschutz zu gewähren und wenn einem dann bescheinigt wird: »Ihr bekommt das nicht hin!«, dann macht man sich Gedanken, was getan werden kann und sollte, um wieder in einem anderen Licht dazustehen.

Eine weitere Rückmeldung war etwa: »Bei Klageeingang wird eine Erwiderung innerhalb von vier bis sechs Wochen verlangt. Für das Verfahren lässt man sich dann zwei Jahre und länger Zeit.« Das versteht natürlich auch niemand. Sie können keinem Kläger erklären, wieso dieser nur einen Monat Zeit bekommt, seine Klage zu begründen. Macht er das nicht, folgt ein entrüstetes Schreiben und dann wird eine Ausschlussfrist gesetzt. Dann bekommt die Behörde vier oder sechs Wochen Zeit, zu einer Klagebegründung Stellung zu nehmen, und auch ihr wird dann vielleicht auch noch einmal ins Kreuz getreten, wenn sie es nicht pünktlich schafft. Dann aber: »Still ruht der See«, es passiert gar nichts. Zum Teil über Jahre hinweg. Irgendwann jedoch wird der Termin anberaumt und zwei Wochen vor der Verhandlung wird es auf einmal ganz eilig. Zwei Jahre lang ist nichts passiert und dann werden die Beteiligten bedrängt, binnen kürzester Fristen ergänzende Stellungnahmen abzugeben. Eine solche Verfahrensgestaltung können Sie kaum jemandem erklären, ist aber in der Wahrnehmung der Beteiligten prägend für das Bild der Verwaltungsgerichtsbarkeit.

Aus meiner eigenen Erfahrungen kann ich Ihnen sagen, dass es auch so war. Verstehen Sie mich nicht falsch, ich möchte hier keine Schuldzuweisungen vornehmen. Ich stelle einfach nur fest, dass es für die Verfahrensbeteiligten nicht transparent, nicht verständlich ist, weshalb das Gericht ihnen solche Lasten auferlegt und es dann andererseits, wenn die Klageerwiderung nach sechs Wochen da ist, dem Verfahren keinen Fortgang gibt. Das hängt zum Teil damit zusammen, dass das Verwaltungsprozessrecht anders als andere Rechtsgebiete, wie das arbeitsgerichtliche Verfahren oder der Zivilprozess, keine zeitlichen Vorgaben kennt. Das und die Praxis in der Vergangenheit bei den Verwaltungsgerichten trägt natürlich dazu bei, dass bei den Verfahrensbeteiligten der Eindruck entsteht, es sei unkalkulierbar, wann mit einer Entscheidung gerechnet werden kann. Insbesondere Anwälte haben immer wieder kritisiert, dass es ihnen unmöglich ist, ihren Mandanten zu sagen, ob es ein halbes Jahr oder drei Jahre dauert, bis im Verwaltungsgericht über ihre Klage entschieden wird. Das liegt eben zum Teil auch daran, dass das Verwaltungsprozessrecht zeitliche Vorgaben nicht kennt. Der ehemalige Präsident des *VGH Kassel*, Herr *Reimers*, hat das einmal so ausgedrückt: »Im Verwaltungsprozess wird terminiert, wenn die Sache reif ist. In der ZPO wird sie im Hinblick auf den Termin reif gemacht.«[34] Ich glaube, das trifft es sehr gut.

2. Organisatorische Umsetzung

Diese beiden Gesichtspunkte, Verfahrensdauer und Transparenz des Verfahrens waren für uns Gründe, zu überlegen, ob wir unsere Praxis nicht umstellen. Wir haben uns in der 1. Kammer des *VG Dessau* dazu entschieden, einen »Frühen Termin« einzuführen, d.h., dass jeder Beteiligte nach Eingang der Klage zusammen mit der Eingangsbestätigung und die Behörde mit der Zustellung der Klageschrift einen Termin in Aussicht gestellt bekommen. Dieser Termin, darauf hatten wir uns in der Kammer verständigt, sollte möglichst drei Monate nach Eingang der Klage stattfinden. Möglichst heißt, dass dies kein Dogma gewesen ist, sondern selbstverständlich auch von der Eingangsbelastung im Allgemeinen und dem voraussichtlichen Aufwand für das betreffende Verfahren im Besonderen abhängt. Drei bis sechs Monate waren aber der Rahmen, den wir uns gesteckt hatten. Dabei sollte es sich um einen Verhandlungstermin vor der Kammer oder vor dem Einzelrichter oder um einen Erörterungstermin handeln.

Auf solch eine Idee kommt man natürlich dann nicht, das will ich auch nicht verhehlen, wenn man eine erkleckliche Anzahl von überjährigen Verfahren mit sich herumschleppen muss. Dann kann man verantwortungsvoller Weise kaum mit solch einem Projekt beginnen, denn es erklärt sich, glaube ich, von selbst: Es würde dazu führen, dass neu eingehende Verfahren bevorzugt bearbeitet werden würden und die Sachen, die ohnehin schon alt sind, würden noch älter werden. Die Ausgangslage bei uns in der ersten Kammer war Ende 2005 so, dass wir im Wesentlichen Verfahren hatten, die noch nicht ein Jahr alt waren. Wir hatten auch einige überjährige Verfahren und Ausreißer, die auch älter als zwei Jahre waren. Diese Ausreißer waren allerdings auch solche, in denen die Beteiligten von sich aus keine Entscheidung oder jetzt keine Entscheidung haben wollten, die also ruhten oder ausgesetzt waren.

Zur Ausgangslage gehört vielleicht auch, dass ich Ihnen ganz kurz die Besetzung des Spruchkörpers, dem ich angehört habe, darstelle. Die 1. Kammer des *VG Dessau* war damals, als wir im Jahre 2006 mit diesem Projekt begonnen haben, mit mir als Vorsitzendem und drei weiteren Berichterstattern besetzt. Das hat sich in den Folgejahren gewandelt. Anfang 2007 ist eine Proberichterin aus meiner Kammer abgezogen und anderweitig zugewiesen worden. Dann im Herbst 2007 sind noch zwei weitere Richter abgezogen worden aus der Kammer.

34 BDVR-Rundschreiben Nr. 3/2006, S. 56, 60.

Anfang 2008 kam eine Richterin hinzu. Das war die Besetzung nach Köpfen im Zeitraum 2006 bis 2008.

Wie sah es aus mit der Eingangslast? In der Zeit, als wir dieses Projekt begonnen haben, gab es noch keine Personalbedarfsmessung nach PEBB§Y-Fach, bei dem die Verfahren nach Sachgebieten gewichtet werden, sondern eine sog. Personalbedarfsberechnung (PBB), die davon ausging, dass ein Richter im Jahr ca. 140 Klageverfahren zu erledigen hat. Zumindest wir in Sachsen-Anhalt haben festgestellt, dass die Personalbedarfsberechnung nach PEBB§Y-Fach zu einem für die Verwaltungsgerichte günstigeren Schlüssel führte, also zu einem höheren Personalbedarf als die alte PBB. Die Belastung nach der PBB lag 2006 gerichtsweit etwa bei 1,0. Wir waren demnach bedarfsgerecht ausgestattet. In der 1. Kammer galt ähnliches. Wir hatten etwas mehr an Eingängen. Hinzu kam allerdings noch, dass im Jahr 2006 vier Richter des Verwaltungsgerichts zu einem Anteil ihrer Arbeitskraft an ein weiteres Verwaltungsgericht bei uns im Lande zum Abbau von Altbeständen abgeordnet waren. Das führte dann sicherlich noch einmal zu einer zusätzlichen Belastung, auch in der 1. Kammer, weil auch ich und ein weiterer Richter aus der 1. Kammer ausgeholfen haben.

3. Beobachtungen und Eindrücke

Welche Erfahrungen haben wir gesammelt? Zum einen: Die Verfahrensdauer ist zurückgegangen. Wir haben das leider nur für das Jahr 2006 erhoben, für den weiteren Zeitraum lässt sich das nicht mehr feststellen. Das *VG Dessau* ist aufgelöst worden zum 31.12.2008 und die Daten stehen mir nicht mehr zur Verfügung. Die Verfahrensdauer in der 1. Kammer betrug im Durchschnitt bei den Hauptverfahren 3,5 Monate und bei den durch Urteil entschiedenen Hauptsacheverfahren 4,2 Monate. Ende 2008 hatten wir einen Terminstand von vier bis sechs Monaten.

Mit diesem »Frühen Termin« haben wir des Weiteren die Erfahrung gemacht, dass es nicht mit ganz unerheblichen Mehraufwand verbunden ist, insbesondere auch für die Servicekräfte, die uns zuarbeiten – wegen der naturgemäß höheren Anzahl von Ladungen für Verhandlungs- oder Erörterungstermine. Hinzu kam, dass damit jedenfalls in der Anfangszeit auch für die Richter eine Mehrbelastung verbunden war, weil wir uns mit Beginn des Projektes nicht ausschließlich auf die neuen Verfahren konzentrieren konnten, sondern auch noch die anhängigen alten Verfahren abarbeiten mussten. Schon frühzeitig musste man sich entscheiden, welchen Weg man eigentlich gehen will und da stellt die VwGO einige Wege zur Verfügung, nämlich zum einen: Will ich einen Erörterungstermin oder will ich einen Verhandlungstermin durchführen? Zum anderen: Wenn ich mich für einen Verhandlungstermin entscheide, soll er vor der Kammer oder dem Einzelrichter stattfinden oder aber: Gebe ich das im Weiteren in die Mediation? Da muss man sich recht schnell ein Bild machen, damit der in Aussicht gestellte Termin auch irgendwie mit Leben gefüllt wird.

Wir haben weiter die Erfahrung gemacht, dass dieser »Frühe Termin« im verwaltungsgerichtlichen Verfahren nur dann gelingt, wenn die Bereitschaft vorhanden ist, Unwuchten, die in der Dezernatsbelastung über das Geschäftsjahr entstehen können – wir hatten damals in der 1. Kammer unsere Zuständigkeiten nach Sachgebieten aufgeteilt – auch in dem Geschäftsjahr Rechnung zu tragen, entweder durch Übernahme der Berichterstattung innerhalb der Sitzgruppe, was sicherlich kein Problem ist, es gibt wohl keinen »gesetzlichen Berichterstatter«, oder aber, wenn dies auch noch nicht genügte, durch Änderungen der Kammergeschäftsverteilung, was, wie ich meine, durchaus zulässig ist, wenn sich über das Jahr hinweg solche deutlichen Belastungsunterschiede ergeben.

Wir haben ferner die Erfahrung gemacht, dass, wenn man einen solchen Termin so, wie wir das eingeführt haben, also ohne Projektlenkungsgruppe und ohne Projekthandbuch und dergleichen – wir sind da relativ naiv rangegangen und haben gesagt, wir machen das mal und sehen, ob das klappt –, dass es eben einige Dinge gibt, an die man noch gar nicht gedacht hat, z.B: Was ist eigentlich mit Urlaub oder Krankheit? Da kann man ja nicht aufhören mit dem Terminieren. Der Abstimmungsbedarf innerhalb des Spruchkörpers ist höher. Man muss, bevor man in den Urlaub geht, mit dem Vertreter absprechen, auf welche Termine die neu eingehenden Sachen gelegt werden sollen.

4. Reaktionen der Verfahrensbteiligten

Was für Reaktionen haben wir erfahren? Dies wird auch nicht überraschen – überwiegend positive. Es gab auch ein paar Irritationen, gerade zu Beginn, sowohl bei Anwälten als auch bei Behördenvertreten. Es haben sich Leute etwa so geäußert: »Wir haben schon geglaubt, wir hätten irgendwas falsch gemacht, weil sogleich ein Termin angekündigt wurde.«

Es wurde natürlich auch Besorgnis von Anwälten und Behördenvertretern geäußert in Bezug auf die alten Verfahren, ob diese noch älter würden. Wir haben auch gelegentlich negative Rückäußerungen bekommen: »Warum denn jetzt diese Eile?« Zum Teil auch nonverbal durch Aussetzungsanträge oder Fristverlängerungsanträge. Nun haben wir gemeint, dass es zur Transparenz des Verfahrens beiträgt, wenn man den Beteiligten bereits zu Beginn des Verfahrens mitteilt, wann entschieden werden soll, damit sie verstehen, weshalb das Gericht die Einhaltung eines bestimmten Termins für die Klagebegründung oder -erwiderung verlangt. Wenn dann auf eine solche Terminankündigung allerdings als erstes der Fristverlängerungsantrag kommt und die Frage, warum denn jetzt die Eile geboten sei, so weicht das eigene Bemühen der Erkenntnis, dass es eben auch Verfahren gibt, bei denen die Beteiligten gar nicht so unglücklich sind, wenn es mal länger dauert.

Überwogen indes hat, dass die Beteiligten eher zufrieden waren mit der frühzeitigen Erörterung, mit dem frühen Verhandlungs- oder Erörterungstermin und zwar deswegen, weil das die Möglichkeit eröffnet, die Dinge auf den Kern zu konzentrieren, den ein solcher Rechtsstreit in aller Regel ja mit sich bringt, weil sich auch und gerade bei Erörterungsterminen die Gelegenheit bietet, auf den Hinweis des Gerichts einen Vortrag noch näher zu substantiieren und das in einer frühen Phase des Verfahrens. Abgesehen davon trägt eine kurze Verfahrensdauer natürlich auch generell zur Planungssicherheit bei.

Auch für den Richter ist es durchaus, wenn ich dafür jetzt einmal werben darf, angenehm, denn wir haben die Erfahrung gemacht, dass die Akten deutlich dünner sind. Die Beteiligten schreiben in der Regel nur ein- bis zweimal. Das hält den Streitstoff durchaus übersichtlich.

Das sind die Erfahrungen, die wir beim *VG Dessau* mit diesem »Frühen Termin« gemacht haben. Damals, als wir damit angefangen haben, war das Ganze auch durchaus mitgetragen von der Hoffnung, dass, wenn sich das System bewährt, sich vielleicht auch andere Spruchkörper, zunächst einmal des eigenen Gerichts, anschließen. Dazu ist es leider nicht mehr gekommen. Wir hatten uns zwar mit den Kollegen darüber unterhalten, aber die Lust, sich eines solchen Projektes anzunehmen, wo eigentlich die Entscheidung getroffen war, das Verwaltungsgericht aufzulösen (ca. Mitte 2007), war dann nicht mehr ganz so groß. Nachahmer hat es auch bei den anderen Verwaltungsgerichten in Sachsen-Anhalt nicht gefunden. Man kann also sagen: Das Projekt ist beendet worden mit dem 31.12.2008.

C. Diskussion

Dr. Klaus Herrmann, Moderation

Vielen Dank noch einmal an beide Referenten. Es war natürlich eine Fehlankündigung, jetzt über die Zukunft nachzudenken, ohne darauf hinzuweisen, dass das Pilotprojekt beim *VG Dessau* abgeschlossen ist und damit in der Vergangenheit liegt. Aber unsere Veranstaltung lässt natürlich Hoffnungen zu, dass man aus den Erfahrungen, die uns die Referenten heute geschildert haben, etwas für die Situation in Brandenburg lernen oder gewinnen kann, sei es, dass man über Gesetzesinitiativen nachdenkt – ich bemerke: Das Innenministerium ist nicht mehr vertreten –, sei es, dass man ganz konkret bei der Arbeitsweise in den Verfahren weiß, sei es in der Richterschaft, sei es in der Anwaltschaft oder in der Behörde, dass es zur Beschleunigung des Verfahrens eben Möglichkeiten gibt und dass es an der Situation, so wie sie ist, vielleicht auch Änderungsmöglichkeiten gibt. Man muss es eben so hinnehmen.

Ich würde mich freuen, wenn wir die geschilderten Erfahrungen diskutieren könnten, wenn es dazu Fragen von Ihnen gibt und die Referenten dazu vielleicht noch Gesichtspunkte, die sie jetzt ausgeblendet haben, ergänzen. Wenn Sie sich noch an einzelne Punkte von heute Vormittag erinnern, die Ihnen ganz besonders in Erinnerung geblieben sind, seien es Schilderungen von Herrn *Hohndorf* zum Ablauf des Widerspruchverfahrens bei der Gemeinde, seien es Schilderungen von Herrn *Dr. Becker* zu bestimmten Umständen verwaltungsgerichtlicher Verfahren, und Sie dies auch mit den Referenten heute Nachmittag besprechen möchten, sind Sie jetzt herzlich eingeladen. Auch die Referenten von heute Morgen sind zu ergänzenden Stellungnahmen eingeladen.

Fabian Eidtner, Diskussion

Eine Frage an Herrn *Engels* im Hinblick auf den Restbestand an überalterten Verfahren, den Sie noch hatten, als Sie mit diesem Pilotprojekt »Früher erster Termin« angefangen haben. Gab es da auch einen transparenten Kommunikationsversuch, beispielsweise dass die Beteiligten angeschrieben wurden, dass jetzt dieser Modellversuch stattfindet und sie deswegen vielleicht noch ein bisschen länger warten müssten? Wenn ja, gab es eine Reaktion darauf?

Helmut Engels, Diskussion

Wir haben die Beteiligten der Verfahren, die bis zum 31.12.2005 eingegangen waren, nicht angeschrieben. Wir haben davon abgesehen, weil wir der Auffassung waren, dass die Verfahren noch nicht so alt sind, dass man es nicht zumuten kann, sie jetzt im Hinblick auf die Einführung des Termins geringfügig älter werden zu lassen.

Ich glaube nicht, dass ich jemals in eine Kammer kommen werde, die bei Null anfängt. Das wird es wohl nicht geben. Sie haben immer mit Altbeständen zu tun, und dann muss man für eine Zeit seine Kräfte anspannen und von beiden Seiten arbeiten. Also zum einen muss man die Altbestände mit im Blick haben, diese müssen abgebaut werden, und zum anderen sollte man dann eben zusehen, dass man die Neueingänge ebenfalls bewältigt. Das ist keine Kleinigkeit, ich will das auch nicht beschönigen, aber es geht.

Dr. Klaus Herrmann, Diskussion

Ich hätte eine Frage an Herrn *Dr. Kamp*. Der Wegfall des Widerspruchverfahrens macht es ja erforderlich, dass die Ausgangsbehörde im Verfahren eine richtige Entscheidung produzieren muss. Sie haben es mehrmals im Vortrag erwähnt, dass die Vorstellung von der Reparaturinstanz »Widerspruchsverfahren« aus den Köpfen heraus müsse. Könnten Sie noch Ihre Erfahrungen und Erkenntnisse aus Nordrhein-Westfalen schildern, ob eine intensivere Beratung durch die kommunalen Aufsichtsbehörden erfolgte auf der einen Seite und auf der anderen Seite eine verstärkte Inanspruchnahme der Vertretung und Beratung durch Rechtsanwälte? Kam es dort also zu einer verstärkten personellen Einbindung von (Verwaltungs-)Juristen in das Verwaltungsverfahren? Haben die Kommunen oder Behörden möglicherweise verstärkt um Beratung bei den Aufsichtsbehörden nachgesucht?

Dr. Manuel Kamp, Diskussion

Zuerst einmal wollte ich vorab sagen, dass die ganzen Maßnahmen, die ich genannt habe, natürlich auch ohne Reform des Widerspruchverfahrens bei den Ausgangsbehörden möglich sind – falls in Brandenburg das Widerspruchsverfahren nicht abgeschafft werden sollte.

Die Aufsichtsbehörden waren wenig gefordert in diesem Prozess. Es wurde mehr über die kommunalen Spitzenverbände auf sanftem Wege versucht, auf die Kommunen einzuwirken. Kleinere Kommunen haben aber in der Tat auch bei den Kreisverwaltungen oder im Innenministerium schon einmal nachgefragt, was man so tun könnte, das ist wohl wahr. Andererseits hat Nordrhein-Westfalen nach der kommunalen Gebietsreform überwiegend leistungsstarke und hinreichend große Kommunen, so dass wir gar nicht so große Schwierigkeiten haben, was die Verwaltungskraft angeht.

Rechtsanwälte in Verwaltungsverfahren sind, soweit ich das im Moment sagen kann, nicht deutlich häufiger eingesetzt worden. Sie haben möglicherweise auch Interesse, ob beobachtet wurde, dass Anwälte anders agieren. Aus Köln ist bekannt geworden, dass Anwälte trotz Zweitbescheidszusage direkt Klage gegen kommunale Abgabenbescheide erhoben haben, wegen recht simpel zu korrigierender Zahlendreher in den Bescheiden. Die Streitwerte waren nicht gering. Die Klagen haben natürlich dem Portemonnaie sehr gut getan, aber für eine dauerhaft gute Zusammenarbeit mit der Stadt waren sie nicht förderlich. Ich vermute aber, dass es Anwälte waren, die nicht so oft im Verwaltungsrecht aktiv sind und die den Unwillen der Verwaltungsbehörden nicht fürchten müssen.

Ob und in welcher Weise wir im Rahmen der Evaluierung weitere Details über die Auswirkungen der Reform auf die Anwaltschaft herausbekommen, kann ich im Moment nicht sagen.

Dr. Klaus Herrmann, Diskussion

Eine Anmerkung dazu, vielleicht wird sich ein Kollege dazu auch gleich melden. Wenn ich als Anwalt einen Bescheid auf den Tisch bekomme, der eine Rechtsbehelfsbelehrung für die Klageerhebung enthält, komme ich natürlich um Schritte wie eine Klageerhebung nicht umhin, jedenfalls wenn ich den Unwillen meiner Haftpflichtversicherung fürchte.

Außerdem habe ich die Frage, ob die »Reparaturwerkstatt« Widerspruchsverfahren nicht doch ihre Berechtigung hat, um in Massenerhebungen fehlerhafte Weichenstellungen in einer Vielzahl von Verfahren abändern zu können. Nehmen wir das Beispiel der Umlage von Herstellungskosten für etwa eine Straße, bei der die Abänderung der beitragspflichtigen Grundstücksfläche immer Auswirkungen auf eine Vielzahl anderer Bescheide hat, die möglicherweise auch nach oben korrigiert werden müssen. Während der gerichtlichen Klärung können die anderen Bescheide im Widerspruchsverfahren gehalten werden und erwachsen nicht in Bestandskraft. Anders ist es bei der »Zweitbescheidszusage«, bei der die Bescheide bestandskräftig werden, obwohl auch die Kommune womöglich die vorgetragenen Angriffe für klärungsbedürftig hält.

Dr. Manuel Kamp, Diskussion

Dieser ganze Werkzeugkasten, den ich vorgestellt habe, erfordert, dass man die Werkzeuge – ich habe es bestimmt zweimal gesagt – sachangemessen und flexibel einsetzt. Es macht keinen Sinn, ab jetzt jeden Bescheid mit einer bedingten Zusicherung der Zweitbescheidszusage zu versehen. Man muss tatsächlich genau überlegen, wo es klug ist. Gerade in dem Bereich, den Sie geschildert haben, würde ich davon eher absehen oder die Zusage beschränken auf Rechenfehler oder ähnliche Dinge. Überall, wo man mit Rechtsproblemen rechnet oder umfangreichen Sachverhaltsklärungen, macht diese Zweitbescheidszusage eher wenig Sinn.

Kurt-Fritz Hohndorf, Diskussion

Noch eine Frage zur Abschaffung der Widerspruchsverfahren. Ich sehe nur noch in Gedanken die Überschrift in den Tageszeitungen meiner Heimatstadt, in der stand: »Alles Mogelpackungen«, und so ähnlich haben Sie es auch gesagt. Alle Beteiligten stehen unter dem Zwang einer Einmonatsfrist bis zur Klageerhebung und daneben liegt dann der Zettel, dass diese Frist nicht gilt oder es wird überhaupt keine Rechtsmittelbelehrung darunter gesetzt, um die Jahresfrist zu bekommen.

Ob mal einer auf die Idee gekommen ist, zu sagen, dass das gesetzlich möglich ist oder nicht, sei jetzt einmal dahingestellt. Die Klagefrist, diese Einmonatsfrist, zu verlängern, wäre doch viel offener und ehrlicher. Wir machen drei Monate oder fünf Monate, aber haben dann eine ganz bestimmte Frist, die für alle gilt. Das ist doch besser als gar keine Rechtsmittelbelehrung, und nur der VwGO-Kenner weiß, aha, jetzt gilt eine Jahresfrist. Oder ich schreibe einen Beipackzettel dazu, so ähnlich wie bei den Medizinern. Hier hast Du Deine Klagefrist von einem Monat, aber die gilt überhaupt nicht. Oder dann wird die Möglichkeit angeboten, wenn man einfache Fehler findet, z.B. einen Zahlendreher oder die Geschossigkeit ist falsch eingestellt: Renne bitte nicht gleich zum Gericht, sondern komme erst zu uns und wir versuchen, eine einvernehmliche Regelung herbeizuführen. Dass das Zeit kostet, ist vollkommen klar. Aber da, meine ich, wäre es ehrlich zu sagen, wir machen drei Monate ohne Beipackzettel und richtig mit Rechtsmittelbelehrung. Dann hat man klare Verhältnisse. Das ist besser als sich irgendwie an der Seite an allen vorbei zu lavieren.

Dr. Manuel Kamp, Diskussion

Man hat in der Tat auch überlegt, ob man die Verlängerung der Klagefrist anstoßen sollte. Ich sehe aber nicht, anders als Sie es gerade darstellen, dass es sich bei der Reform um eine Mogelpackung handelt, sondern das Gegenteil ist der Fall. Ich habe es ja mehrfach gesagt, und es ist nicht nur so, dass Sie jetzt sagen könnten, Herr Kamp verteidige da seine eigene Reform, sondern wir haben auch noch die Vergleiche aus Niedersachsen, wo externe Gutachter tätig waren. Die genannten schnöden Hinweise auf den Bescheiden mögen einem hoch qualifizierten Verwaltungsrichter albern erscheinen, aber vielen Bürgern helfen sie weiter, und das führt dazu, dass man eher zum Hörer greift und einfach mal bei der Behörde nachfragt.

Oft reichen dann wenige Sätze aus, um zu erklären, warum der Bescheid gerade so lautet und nicht anders. Insofern kann man die Hinweiszettel auch nicht als völlig unverständlich bezeichnen, wie die Beipackzettel von Arzneimitteln, bei denen man nach der Lektüre meint, man sei schon tot. Den Eindruck habe ich von der nordrhein-westfälischen Reform nicht.

Noch einmal kurz zu der Zweitbescheidszusage: Wir wollen sie auch nicht überall haben. Und wir wollen nicht, dass man überall die Rechtsbehelfsbelehrung weglässt, um die Jahresfrist zu bewirken. Deswegen kann ich nur immer wieder sagen: Es geht um einen sachangemessenen, flexiblen Einsatz dieser Werkzeuge, und bislang haben wir da von den Behörden durchaus positive Reaktionen.

PD Dr. Johannes Rux, Diskussion

Herr Kamp, ich muss jetzt doch noch einmal nachhaken. Wenn ich es richtig verstanden habe, haben sie vorhin schon gesagt, dass das Widerspruchsverfahren eigentlich wenig effizient gewesen sei. Habe ich Sie da richtig verstanden? Auf der anderen Seite haben Sie danach immer wieder betont, dass die Behörden jetzt sorgfältiger arbeiten, weil Ihnen dieses elegante Verfahren zur Korrektur fehlt. Das spricht doch eigentlich dafür, dass das Widerspruchsverfahren bisher durchaus effizient war, sonst hätten sich die Behörden bisher nicht darauf verlassen. Wenn es so wäre, dass das Verfahren völlig ineffizient gewesen ist, dann müssten doch auch die Bescheide genauso schlecht sein wie früher. Sind sie aber nicht, denn sie sind ja offenbar besser geworden, behaupten Sie zumindest.

Ich glaube zweitens: Wenn man das evaluiert, muss man schon genau hinsehen, wenn Sie Niedersachsen mit Nordrhein-Westfalen vergleichen. In Niedersachsen ist die Abschaffung des Vorverfahrens absolut konsequent. Wenn ich die Mittelinstanz abschaffe und das Vorverfahren allein die Selbstkontrolle der Behörde bewirkt, dann habe ich natürlich eine ganz andere Form von Effizienz der Kontrolle, als wenn ich, wie in Nordrhein-Westfalen, immer noch eine Mittelinstanz habe, d.h. den Devolutiveffekt nutzen kann.

Ihr Werkzeugkasten ist das Entscheidende, den muss man einsetzen. Dies ist aber völlig unabhängig davon, ob das Vorverfahren formell gilt. Und ehrlich gesagt ist es mir lieber, mit einem geregelten Verfahren als mit einer Art Soft-Law zu arbeiten, wo ich mich immer so durchlavieren kann und wo ich mich letztendlich darauf verlasse, dass die Beteiligten schon intelligent genug sein werden, um die Chancen zu nutzen, aber aus der Pflicht heraus bin, die Beteiligten konkret darauf hinzuweisen, was eigentlich passiert, was ihnen blüht, wenn sie meine Frist versäumen.

Dr. Ulrich Becker, Diskussion

Ich habe zwei Anmerkungen, Herr *Engels*. Ich wollte Sie oder vielleicht auch die anderen Verwaltungsrichter einmal fragen, weil mir da einfach die Kenntnis fehlt: Wie oft kommt es eigentlich bei Ihnen vor, dass Sie Klagen erhalten, in denen steht: »Hiermit erhebe ich Klage, Antragstellung und Begründung bleibt einem gesonderten Schriftsatz vorbehalten.«? Mich würde dies deswegen interessieren, weil ich Ihr System, auch die Weichenstellung: In welches Verfahren gehe ich denn? nur praktizieren kann, wenn ich weiß, worum es eigentlich geht. Die VwGO lässt ja bislang eine sehr schmalspurige Klageerhebung zu. Das würde mich einfach mal interessieren, und dann würde ich gerne noch sagen: Für mich als Anwalt – und den Kollegen geht es vielleicht auch so – ist ein gerichtliches Verfahren, deswegen würde ich noch einmal sehr dafür werben, der Ort für diese frühen Gesprächsmöglichkeiten.

Ich habe manchmal den Eindruck, die Gerichte glauben, für uns ist es so wahnsinnig interessant, was der andere schreibt. Ich gewähre noch einmal rechtliches Gehör, weil da ein neuer Schriftsatz ist oder ein neuer Gesichtspunkt. Ganz häufig ist es so, gerade wenn man im Vorverfahren schon vertreten hat, dass man genau weiß, was der Gegner schreibt, die Positionen auch kennt, vielleicht auch dann, wenn sie nicht alle in den Schriftsätzen zu finden sind. Das eigentlich Spannende ist, was das Gericht meint. Deswegen ist es, ich will jetzt nicht unbedingt sagen egal, was die anderen schreiben, aber der eigentliche Erkenntnisgewinn jedes Gerichtsverfahrens, die große Unbekannte, das sind die Richter. Das ist im Grunde genommen das, was auch so einen Prozess entblockieren kann, weil man dann plötzlich sieht: Okay, wir haben uns bislang mit der Behörde gestritten, sind da nicht weiter gekommen, das kennen wir alles, und jetzt wollen wir gerne einmal wissen, was das Gericht sagt.

Also ich finde so einen »Frühen ersten Termin«, der nicht nur darin besteht, zu sagen, was man eigentlich möchte, da nur Klage ohne Antrag erhoben wurde und auch nicht klar ist, welcher Bescheid angegriffen wird, gut. Da kann ich nur aus anwaltlicher Sicht sagen: Das ist genau das, was man sich sehr wünschen würde.

Dr. Georg Wegge, Diskussion

Der Erörterungstermin ist aus meiner Sicht ein so faszinierend vielfältiges Instrument. Werkzeugkoffer kann man natürlich dazu auch sagen. Dass ich dieses Korsett eines »Frühen ersten Termins« eigentlich erst einmal als unpassend empfinden würde, gerade unter diesem Eindruck jetzt, den Sie auch vermittelt haben, dass das natürlich einen gewaltigen Vorlauf bedeutet, das einzutüten, einmal von der verwaltungstechnischen Seite her, die Geschäftsstelle, die dadurch belastet wird, aber auch mit Krankheitsständen, mit Vertretung, ist klar. Dieses System muss ja fortgeführt werden, und ich würde sagen, ich mache häufiger auch »Frühe erste Termine«, um eben das zu vermitteln, was eben Herr *Dr. Becker* und andere Anwälte gerne haben möchten, nämlich ein Feedback sofort in die Runde zu geben, um auch eine Spur zu legen.

Aber das hängt genau von dem ab: Wie viel ist denn schon da an Substanz? Wenn ich gerade diese kurzen Klageeingänge von Zweizeilern habe, dann kann ich keine Spur legen, weil ich noch nicht einmal einen Sachverhalt kenne. Wie will ich das denn ohne Verwaltungsakt machen? Das geht vielleicht, wenn ich einen guten Schriftsatz habe oder zwei gute Schriftsätze, aber dann kann ich es frühestens machen mit sechs Wochen oder drei Monaten, das wird sehr knapp, und ich weiß auch gar nicht, wem damit gedient ist. Nach meiner Erfahrung muss ich in eiligen Fällen auf die Tube drücken. Das, würde ich sagen, sind für einen »Frühen Termin« geeignete Fälle, weil ich dann auch schnell an dem Fall arbeiten kann. Aber in einer Reihe von anderen Fällen sind die Sachen längst nicht ausgeschrieben.

Helmut Engels, Diskussion

Also zum einen: Was mache ich, wenn ich eine Klage eingereicht bekomme, die eben nur aus dem Hinweis besteht, dass der Bescheid angefochten wird und die Begründung folgt. Herr *Dr. Becker*, es ist natürlich unter solchen Umständen kaum möglich, zu sagen, ob das ein Verhandlungstermin vor der Kammer oder vor dem Einzelrichter wird. Das haben auch wir nicht gemacht. Es geht ja nur darum, dass man erst einmal einen Termin ankündigt. Die Beteiligten bekommen also mit Eingang der Klage einen Termin in Aussicht gestellt. Dann ist auch für die Beteiligten klar, dass das, was sie ankündigen, nämlich die Klagebegründung, auch bis zu einem bestimmten Zeitpunkt da sein muss, damit man sich in dem Termin vernünftig über die Dinge unterhalten kann.

Wenn jetzt der Eindruck entstanden sein sollte, dass dieser »Frühe Termin« bedeutet, dass es jedes Mal ein Verhandlungstermin ist, dann habe ich mich missverständlich ausgedrückt. Die Weiche soll frühzeitig gestellt werden, so frühzeitig es geht. Ob sich ein Erörterungstermin anbietet, z.B. bei Windenergieanlagen, ist mit den Beteiligten vorher zu besprechen. Ob und zu welchen Fragen etwa noch Gutachten eingeholt werden sollen oder ob ich einen Verhandlungstermin, z.B. in einer Abgabensache, anberaume, die der hundertste Gebührenfall zur Gebührenkalkulation 2004 bis 2006 eines Abwasserzweckverbandes ist, die eher eine Sache für den Einzelrichter ist, ist naturgemäß eine Einzelfallentscheidung.

Aber nochmals, welchen Weg da jeder Richter gegangen ist, das war höchst unterschiedlich. Ich habe mehr Verhandlungstermine anberaumt, während andere Kollegen mehr mit dem Instrument des Erörterungstermins gearbeitet haben. Wichtig war uns nur, dass die Beteiligten frühzeitig eine Reaktion, frühzeitig eine Einschätzung des Gerichts bekommen, wie die von den Beteiligten aufgeworfenen Fragen vom Gericht beantwortet werden und ob der Fall darüber hinaus möglicherweise weitere Fragen aufwirft, die das Gericht jetzt interessieren und die die Beteiligten bisher vielleicht noch nicht im Blick haben.

Ich meine auch, dass man bei einem solchen »Frühen Termin« nicht mit dem Amtsermittlungsgrundsatz in Konflikt gerät. Die Pflicht, von Amts wegen zu ermitteln, haben – so meine ich – auch wir gewissenhaft wahrgenommen. Es ist allerdings, das möchte ich auch einmal sagen, schon so, dass die Beteiligten im Regelfall bei uns, so habe ich es jedenfalls erlebt und erlebe es nach wie vor in der Praxis, nicht über entscheidungserhebliche Tatsachenfragen streiten, sondern über Rechtsfragen, über die Auslegung des Gesetzes. Es ist eher die Ausnahme, so wie ich es kennengelernt habe, dass das Gericht von sich aus noch einmal in die Erforschung des Sachverhaltes einsteigt und über einen Termin zur Ortsbesichtigung hinaus Gutachten einholt oder dergleichen mehr. Aber wenn man dann solche Fälle hat, soll der »Frühe Termin« nicht dazu dienen, der Pflicht zur Sachverhaltsermittlung auszuweichen und vorschnell zu entscheiden.

Aus dem »Frühen Termin« soll nicht ein »kurzer Prozess« werden, sondern ein Termin, in dem man sich über die Fragen, die die Beteiligten aufgeworfen haben und die das Gericht möglicherweise darüber hinaus zur Diskussion stellen will, austauscht. Mehr soll es gar nicht sein.

Fabian Eidtner, Diskussion

Ich würde gerne auch noch zwei Anmerkungen dazu machen. Zum einen habe ich jetzt ein paar Mal bei Klageeingang terminiert für in etwas drei bis vier Wochen. Da hatte es sich jeweils zufällig so ereignet, dass ich ein bestimmtes Rechtsgebiet terminiert hatte, durchaus mit angemessenem Vorlauf und gut abgehangener Akten dabei und dann kam aus dem Rechtsgebiet noch ein Klageeingang nebenher und den habe ich mit drauf gepackt. Das hat Entsetzen, Schock und Bestürzung bei den Verfahrensbeteiligten ausgelöst. Ich glaube, dass wenn wir an dem Punkt angekommen sind, wo wir ja alle hinwollen, dass die Verfahrenslaufzeiten wieder kürzer werden, dass wir uns dann auch Gedanken machen müssen über einen Umerziehungsprozess bei den Verfahrensbeteiligten, die ja teilweise ganz systematisch damit kalkulieren, dass, wenn sie eine Klage beim Verwaltungsgericht anbringen, sie anschließend erst einmal drei Jahre Tiefschlaf einplanen können.

Die Idee, dass man gleich bei Klageeingang solch einen Termin anbringt und denen sagt: In drei bis sechs Monaten sehen wir uns, dann geht es erst einmal los mit einem Erläuterungsschreiben, dass da jetzt ein entsprechendes Projekt angegangen werde usw., finde ich ausgesprochen faszinierend. Die Gefahr, dass bei einer Klage, in der nur steht, dass man damit Klage erhebt und der Rest folgt und dass der Richter oder das Gericht daher noch nicht wissen kann, in welche Richtung das geht, halte ich für vernachlässigbar.

In der Tat hat etwa jede dritte Klage, was den nackten Schriftsatz betrifft, nur diesen Inhalt. Fast immer, also bei mindestens 90% jener Klageschriften, sind aber die angefochtenen Bescheide bereits beigefügt. Im Widerspruchsbescheid ist dann in der Regel kurz angerissen, welche Argumente der Kläger im Widerspruchsverfahren vorgetragen hat, und das genügt mir doch, um zu wissen, worum es geht und wohin der Hase läuft. Wenn tatsächlich einmal Tatsachenfragen zu klären sind – klassisches Anwendungsbeispiel aus dem Abgabenrecht: Wenn ich einen Ortstermin brauche, um zu gucken, wie es mit der Geschossigkeit im unbeplanten Innenbereich nun ist –, dann wird ggf. bei diesem »Frühen ersten Termin« ein Beweisbeschluss gefasst, der eben diese Ortsbesichtigung zum Gegenstand hat. Das ist dann in der Regel den Beteiligten auch vermittelbar.

Die Aufgabe, so etwas zu ermöglichen, scheint mir dann eher bei den Präsidien und sogar Gerichten zu liegen, die dann nämlich sagen müssten: Wenn es Kammern gibt, die sich so einem Projekt verschreiben wollen, dann müssen wir diese von den ganz alten Fällen befreien und andere Kammern eben speziell dafür einrichten, die alten Verfahren abzuarbeiten, wofür es ja auch Beispiele gibt, und solche Überlegungen und Diskussionen sind ja auch geführt worden.

Themenwechsel: Ich würde gerne noch eine Anmerkung zur Abschaffung des Widerspruchverfahrens machen. An einigen Stellen ist die Hoffnung angeklungen: Wenn dann Klage erhoben wird wegen relativ banaler Fehler des Verwaltungsaktes, wie beispielsweise eines Zahlendrehers oder so etwas, der mit einem besonders intensiven Anhörungsverfahren oder mit einer in Aussichtstellung informeller Korrektur hätte vermieden werden können oder informell hätte korrigiert werden können, erledigt sich das Verfahren, und dies könne zu einer Kostenentscheidung zugunsten der Behörde über § 155 Abs. 4 VwGO führen. Es bleibt doch aber immer noch so, dass die Behörde einen falschen Bescheid erlassen hat. Und dass das Angebot informeller Selbstkorrektur zu einer Mitwirkungspflicht des Bescheidadressaten führt, wäre mir neu. Also die Hoffnung, dass da jetzt vermehrt § 155 Abs. 4 VwGO für Kostenentscheidungen zugunsten der Behörden heranzuziehen wäre, scheint mir vielleicht ein klein wenig zu idealistisch.

Dr. Klaus Herrmann, Diskussion

Ich möchte noch eine kurze Ergänzung zu den Ausführungen von Herrn *Eidtner* vornehmen. Natürlich wäre es auch schon heute für die Verfahrensbeteiligten möglich, insbesondere auch für die Rechtsanwälte als Verfahrensbevollmächtigte, das Verwaltungsgericht in dem Bemühen um eine zügige Erledigung von Verfahren zu unterstützen. Ich selbst habe diesbezüglich positive Erfahrungen mit dem *VG Potsdam* machen können, z.B. durch die Darstellung, dass es sich um Musterverfahren handelt und dass eine bestimmte Anzahl von Betroffenen im Widerspruchsverfahren auf die Ausführungen des Verwaltungsgerichts wartet.

Deshalb ist dieser »Frühe erste Termin« tatsächlich nicht nur eine gerichtliche Veranstaltung, sondern erfordert auch ein Umdenken in den Köpfen der Prozessbevollmächtigten. Das wird aber ganz leicht gehen, wenn ich noch einmal an die Äußerung von Herrn *Eidtner* im ersten Teil erinnern darf zu dem Verfahrensbevollmächtigten, der durch mehrfache Fristverlängerung einen Zeitvorsprung von einem Jahr herausgeholt hat.

Bevor Herr *Dr. Kamp* auf die Nachfragen von *Dr. Rux* antwortet, gestatten Sie mir, noch eine nächste Frage anzuschließen. Sie haben die Optionsregelung in Bayern erwähnt, nach der man wählen kann und auf einen Bescheid ist dann Klage oder Widerspruch zulässig. Ist Ihnen aus der dortigen Praxis bekannt, welche Fälle sich für welche Kläger eignen?

Dr. Manuel Kamp, Diskussion

Ich kann es mir jetzt nicht verkneifen, als ehemaliger hemdsärmeliger Zivilrichter ein bisschen zu sticheln. Wenn man unterstellt, dass in den Verwaltungsgerichtsverfahren der Sachverhalt in der Regel unstreitig ist oder sich schnell aufklären lässt, scheint es mir doch so zu liegen, dass ein erster Hinweis nach Sichtung der Akten, wie das Gericht die Rechtslage einschätzt, durchaus schnell zu leisten sein könnte. Jetzt werden Sie vielleicht entgegen halten, dass es sich nicht ganz vergleichen lässt – der Schimmel in der Mietwohnung und etwa schwierige Fragen des Kommunalwirtschaftsrechts. Nun haben Landgericht und Amtsgericht aber durchaus auch komplexe Rechtsfragen zu klären. Aber dieser Hinweis war, wie gesagt, nur eine kleine Stichelei.

Herr *Dr. Rux*, Sie hatten nach der Effizienz gefragt. Es kommt darauf an, welchen Bezugspunkt man für die Effizienz wählt. Wenn man Effizienz so versteht, dass man eine Möglichkeit der Reparatur für Fehler eröffnet, die man im Ausgangsverfahren hätte vermeiden können, haben Sie völlig Recht – dann war das Widerspruchsverfahren effektiv. In Nordrhein-Westfalen meinen wir aber, dass Ziel eines jeden Verwaltungsverfahrens eine optimale Erstentscheidung sein muss. Effizient ist das Widerspruchsverfahren auch nicht im Hinblick auf mögliche streitige Rechtsfragen, bei denen es ohnehin zur Klage kommt. Dort ist es nur eine lästige Zwischenstation. Ich habe gerade nochmal nachgeschaut: In Nordrhein-Westfalen gab es einmal ein Widerspruchsverfahren im Abgabenrecht, das lief 91 Monate, ohne dass es eine Behördentätigkeit gab, und für diese Zeit wurden sogar noch Aussetzungszinsen geltend gemacht. Das ist schon einmal eine Erwähnung wert.

Zum Devolutiveffekt: Niedersachsen hat die Mittelinstanz abgeschafft, Nordrhein-Westfalen nicht. Dafür haben wir den Devolutiveffekt abgeschafft, das habe ich Ihnen eben vorenthalten. Wenn Sie nachlesen wollen: § 7 AGVwGO. Insofern erscheint auch die nordrhein-westfälische Regelung konsequent. Begründungsbedürftig ist die Ausnahme, die wir zugelassen haben für Entscheidungen auf dem Gebiet des Schulrechts, aber das ist eine andere Sache.

Dann hatten Sie noch gesagt, dass sei Ihnen alles zu soft-law-mäßig. Dabei erinnere ich an den Grundsatz der Nichtförmlichkeit des Verfahrens in § 10 VwVfG. Und wir haben in den Verwaltungsverfahrensgesetzen auch den Grundsatz, dass die Behörde beraten muss, anhören muss, den Bürger einbeziehen muss.

Zuletzt zur Kostenentscheidung, da hatten Sie ja noch einmal den Finger in die Wunde gelegt. Ich hatte mich mehr auf die Frage gestützt, was mit Verfahren passiert, wenn der Bürger während der Anhörung Umstände hätte vortragen können und es nicht getan hat. Sie würden mir wahrscheinlich zustimmen, dass die Billigkeitsentscheidung zu seinen Lasten getroffen werden kann, wenn er im Gerichtsverfahren nachlegt. Aber auch bei der Nichtnutzung der Zweitbescheidszusage meine ich, dass die VwGO offen ist für eine zumindest teilweise Kostenlastentscheidung. Immerhin handelt es sich ja um eine Billigkeitsentscheidung, und da meine ich, könnte man auch sagen, dass die Kooperationsbereitschaft der Behörde offensichtlich ist. Wenn das Versehen der Behörde auf der Hand liegt, könnten die Verwaltungsgerichte zumindest einmal darüber nachdenken, ob sie mit Kostenentscheidungen nicht steuernd auf übereilte Klageerhebungen einwirken.

Sie hatten nach den bayerischen Erfahrungen zum fakultativen Vorverfahren gefragt: Ich habe selbst keine neueren Informationen von dort. Ich kann nur spekulieren, dass die Regelungen in den Kommunen unterschiedlich gehandhabt werden, aber da müsste man sicherlich noch einmal ein paar Monate oder Jahre lang die Erfahrungen abwarten.

Frank Holler, Diskussion

Ich wollte auch noch einmal etwas sagen zu dieser umfassenden Abschaffung oder Aussetzung der Widerspruchsverfahren in Nordrhein-Westfalen. Zunächst einmal: Eine ergänzende kleine Reform hat es auch in Sachsen-Anhalt schon im Jahr 2006 gegeben, da sind zumindest die Widerspruchsverfahren generell, auch wieder mit ein paar Ausnahmen, wo, glaube ich, auch das Abgabenrecht dazuzählt, abgeschafft worden, und zwar wenn die Widerspruchsbehörde identisch ist mit der Ausgangsbehörde, also insbesondere in Selbstverwaltungsangelegenheiten.

Das hat in der Praxis auch schon zu Verwerfungen geführt, zumal wir damals eine sehr kleinteilige Gemeindestruktur hatten. Das führte dazu, dass auch schon sehr viele kleine Fälle, insbesondere aus dem Sozialrecht – SGB XII ist auch jetzt noch bei den Verwaltungsgerichten – und aus dem Jugendhilferecht die Verwaltungsgerichte erreicht und dieses überschwemmt haben mit Dingen, wo wirklich eine Selbstabhilfe auf Verwaltungsebene eigentlich sinnvoller gewesen wäre. Ansonsten ist das aber natürlich ein vernünftiger Ansatz, zu sagen: Dieselbe Behörde muss nicht zweimal über etwas entscheiden, sondern dass man das doch durch organisatorische Maßnahmen verbessern kann. Dahinter stand zum Teil aber auch, dass die Ausgangsbescheide selbst in diesen Verfahren oft von unteren Teilbehörden gemacht wurden und dass das Ganze dann gebündelt wurde bei der Widerspruchsbehörde, z.B. bei den Landkreisen.

Was die größere Reform angeht, denke ich, haben Sie sehr positive Werbung für Ihre Variante gemacht. Das muss man auch sehr differenziert sehen und man kann das, denke ich, auch sehr kritisch sehen. Es hängt im Wesentlichen wirklich davon ab, wie sich ein Land überhaupt zur Struktur entscheidet: Zu einer groß- oder kleinteiligen Gemeindestruktur und leistet es sich überhaupt noch den Luxus einer umfassenden Fachaufsichtsbehörde? In Sachsen-Anhalt haben wir zwar eine Verschlankung, insbesondere auch auf der Ebene der Widerspruchsbehörden. Das Landesverwaltungsamt haben wir noch. Solange es das noch gibt, denke ich, überwiegen die Vorteile dann auch diese Bündelungsfunktion bei einem zentralen Amt zur Herstellung gleichförmiger Bescheide und natürlich in gewisser Hinsicht auch zur Entlastung der Verwaltungsgerichte.

Ich weiß aus eigener Praxis – ich bin nicht bei einer Widerspruchsbehörde, sondern beim Landkreis seit Jahren tätig –, dass da sehr gute Bescheide auch schon im Ausgangsverfahren gemacht werden. Dies gilt für die meisten Bereiche, auch dort, wo es sehr kompliziert ist, also im Bauordnungsrecht oder Umweltrecht zum Beispiel, wo auch Anhörungen und dergleichen stattfinden und wo dennoch das Widerspruchsverfahren eine wichtige Funktion zur Korrektur und Vereinheitlichung hat. Wenn man das nicht möchte, dann sollte man aber tatsächlich die Mittelinstanz, wie auch in anderen Bundesländern, komplett abschaffen. Das ist dann eine finanzielle Frage. Hier müssen die Kommunen aber mit den entsprechenden Finanzmitteln ausgestattet werden, um auf unterer Ebene ihre Mitarbeiter ausreichend schulen zu können und für ausreichendes Personal zu sorgen. Das wollte ich doch noch zu Ihrem Vortrag einmal anmerken.

Prof. Dr. Dr. h.c. Lothar Knopp, Diskussion

Vielleicht nur noch eine Ergänzung. Sie hatten das angesprochen: Umfassende Fachbehörden, also organisatorisch andere Einheiten, die dann die Ausgangsbescheide prüfen. Ich kann Ihnen versichern: Aufgrund meiner langjährigen praktischen Tätigkeit in Baden-Württemberg und auch in Bayern – dort haben wir ja entsprechende Behörden, die Regierungspräsidien, die dann alles überprüfen sollen, was als Ausgangsbescheid bei den Landratsämtern herausgegangen ist – weiß ich: Das Ergebnis sieht auch nicht anders aus. Sie werden in 90% der Fälle zurückgewiesen und dann haben wir genau das, was Sie so schön gesagt haben: Diese verwaltungspsychologische Hemmschwelle, wie Sie es bezeichnet haben, da ändert sich wenig.

Deswegen würde ich sagen, dass es für mich aus der Praxis heraus betrachtet nicht das entscheidende Argument ist. Ich kenne kaum Fälle, die wir bearbeitet haben, wo die Widerspruchsbehörde eine gegenteilige Entscheidung getroffen hat. Ein Regierungspräsident sagte mir sogar einmal: Ach, lassen wir die Verwaltungsgerichte entscheiden. Die sollen uns sagen, wie es geht. Ich glaube, das ist selbst in diesen sog. Musterländchen, die sie ja auch nicht mehr sind, so ausgegangen, dass die Oberbehörde dann gesagt hat: Das ist okay – es sei denn, es waren so evidente Fehler, und der Bescheid war so falsch, dass sie nicht anders konnten, als diesen aufzuheben. Aber das ist sehr selten vorgekommen.

Dr. Klaus Herrmann, Diskussion

Bevor wir schließen, hätte ich doch noch eine Frage zu dieser Konzentration auf das Verwaltungsverfahren, weil Sie sagen: Viele der erwähnten Werkzeuge können ohne weiteres auch heute schon angewandt werden.

Welche Bedeutung hätte denn aus Ihrer Sicht eine Gewährung der Akteneinsicht im abgabenrechtlichen Verwaltungsverfahren? Bislang ist es ja so, dass sich die Gemeinden und Verbände sträuben, Akteneinsicht zu gewähren und das Abgabengeheimnis, die kommunale Geheimhaltung der Ausschreibungen und ähnliches vorschieben. Wäre es denn zweckmäßig, vielleicht auch heute schon zur Intensivierung, zur Vorbereitung der Verwaltungsentscheidung, eine solche Akteneinsicht regulär vorzusehen und dies möglicherweise auch im Gesetz zu verankern?

Dr. Manuel Kamp, Diskussion

Ich habe ja mehrfach die Prinzipien hochgehalten, die den Verwaltungsverfahrensgesetzen zugrunde liegen. Ein Prinzip ist auch die Gewährung von Akteneinsicht. Trotzdem möchte ich mich bei Ihrer Frage wegducken. Ich verfüge nicht über genügend einschlägige Erfahrung in diesem Sachgebiet, um beurteilen zu können, ob die Argumente, die gegen eine Akteneinsicht sprechen, nicht doch im Einzelfall überwiegen. Ich hoffe, Sie haben dafür Verständnis.

Schlussworte

Dr. Klaus Herrmann

Den Auftakt, den diese Veranstaltung bildet, hoffen wir, in weiteren Veranstaltungen unter dem Thema »LKV-Fachtagung/LKV-Fachgespräch« in anderen Bundesländern und im Land Brandenburg fortzusetzen. Die LKV muss mit ihrem speziellen Schwerpunkt bzw. ihrer speziellen Ausrichtung auf das Verwaltungsrecht darauf achten und wird das auch tun. Es geht darum, in einen Dialog mit den Lesern und natürlich auch mit den betroffenen Verwaltungen, mit der Anwaltschaft und natürlich auch mit der Justiz zu treten. Deshalb bin ich als Schriftleiter für Anregungen von Ihnen und von Lesern dafür dankbar, welche Themen sich für vergleichbare Veranstaltungen eignen. Sowohl Herr *Kipp* als auch die Referenten haben es verdeutlicht, dass die Rechtsschutzgewährung ein aktueller Brennpunkt ist, nicht nur im Land Brandenburg. Vielleicht gibt es in Ihren Verwaltungsbereichen Themen, die ähnlich spannend sind.

Ich danke Ihnen auch im Namen des Verlags für Ihr Interesse, auch für die rege Teilnahme an den Diskussionen. Ich danke den Referenten für ihre Ausführungen und die Bereitschaft, unsere Fragen zu beantworten.

Prof. Dr. Dr. h.c. Lothar Knopp

Lieber Herr *Dr. Herrmann*, dem Dank, den Sie auch zu Recht mehrfach hier ausgesprochen haben, möchte ich mich der Einfachheit halber anschließen.

Eines habe ich mitgenommen: Zentrale wissenschaftliche Einrichtungen leben ja auch von Forschung, wobei, ich hatte es ja am Anfang gesagt: Anwendungsbezogener Forschung. Es wäre sicherlich ein interessantes Thema, dies mal landesweit bei den einzelnen Bundesländern auszuloten. Wo macht das Vorverfahren Sinn und wo macht es keinen Sinn? Welche Klagearten, welche Sachverhalte sind hier von besonderer Bedeutung? Wo kann man möglicherweise, was wir ja auch diskutiert haben, das Vorverfahren bzw. die VwGO dahingehend öffnen, dass man darauf verzichten kann?

Zeitfracht Medien GmbH
Ferdinand-Jühlke-Straße 7
99095 Erfurt, Deutschland
produktsicherheit@kolibri360.de